MA JUSTIFICATION.

I

Tous les journaux ont reproduit récemment une note conçue à peu près en ces termes :

« M. Victor Considerant, homme de lettres, vient d'être arrêté sous la prévention de complot et de fabrication d'armes prohibées. Il a été écroué à la prison des Petits-Carmes. »

C'était parfaitement exact. Je suis dans l'obligation de convenir que j'ai été, après visite domiciliaire, arrêté, interrogé, incarcéré, encellulé aux Petits-Carmes, et tenu pendant neuf jours au secret, ou, — pour employer l'expression nouvelle et plus agréable de MM. du Parquet, — à l'isolement.

Toutefois, quoique la Justice ait bien voulu régler son compte avec moi par une mise en liberté, *faute*, comme on dit, *de preuves suffisantes*, je me sens quelque besoin de régler le mien avec elle. Les bons comptes font, assure-t-on, les bons amis, et, par la Justice qui court, il est prudent d'être bien avec ceux qui l'administrent.

Si encore la Justice, quand elle vous a tenu quelque temps chez elle sans raison, disait, au *Moniteur*, en vous lâchant : *Nous avons emprisonné M. un tel, pendant tant de jours, par pure inadvertance; il n'était pour rien dans notre complot; qu'il n'en soit plus question;* on pourrait en rentrant chez soi se remettre à ses affaires.

Mais non. Le *prévenu* sorti des mains de ces messieurs, surtout s'ils l'ont tenu en prison *un temps raisonnable*, reste en état de prévention devant le public. Les gens se disent assez naturellement : « La Justice ne l'aurait pas pris et gardé dix ou vingt jours s'il n'y avait pas eu quelque chose. »

De sorte que plus elle vous a gardé, plus vous êtes suspect, et mieux elle est couverte.

C'est ce qui fait qu'après neuf jours de secret passés gratuitement aux Petits-Carmes, me voici forcé d'en perdre encore trois ou quatre à écrire et à faire imprimer MA JUSTIFICATION.

J'ai d'ailleurs un devoir spécial à remplir envers mes amis et envers le public.

D'une part, mes amis ont droit à savoir pourquoi je me suis fait mettre en prison, au lieu de m'occuper exclusivement de la grosse affaire dans laquelle je les ai engagés avec moi.

D'autre part, sorti d'un guet-apens auquel tout honnête homme peut être pris comme moi, je suis tenu d'avertir le public et de crier aux gens : Prenez garde! la Justice est dans la ville.

Ami lecteur, je suis extrêmement pressé et obligé de laisser courir ma plume sous la dictée de ma mémoire ; vous voudrez donc bien oublier la qualité d'*homme de lettres*, dont la Justice vient de me délivrer, sans demande de ma part, deux Diplômes en règle, *au nom du Roi des Belges*, sous les formes d'un Mandat d'amener et d'un Mandat de dépôt, et ne voir ici qu'une narration familière, absolument dénuée de prétentions à la rhétorique et, tout simplement, fidèle.

Il est fort désagréable d'avoir à entretenir de soi le public, surtout quand c'est pour lui raconter les péripéties d'une mystification dont on a été l'objet pendant neuf jours et neuf nuits sans désemparer. Je ne crains pourtant pas de vous engager fortement à suivre le récit de mes mésaventures. Cela vous regarde autant que moi. Aujourd'hui mon tour, demain le vôtre. C'est votre histoire possible que vous allez lire. Ce sera, en tout cas, une petite Monographie de l'*Arrestation préventive*, telle qu'elle se pratique et se comporte, en l'an de grâce 1854, dans l'un des pays les mieux et les plus civilisés de l'Europe. Nul n'étant réputé ignorer la loi, vous devez savoir que la Justice luit pour tout le monde et ne pas oublier que la prison pend à toutes les oreilles, avec une stricte impartialité, chez un peuple libre.

Cela dit, et quelque maussade que soit une entrée en scène, exécutons-nous et faisons la nôtre.

II

Il y a cinq ans que je réside en Belgique, où j'étais déjà, on m'oblige à le dire, assez honorablement connu avant d'y planter ma tente.

Il est de notoriété, la Justice n'en ignore, c'est d'ailleurs son métier de le savoir, que j'y ai respecté scrupuleusement les lois de l'Etat,—même celle sur la pêche à la ligne,—la seule dont j'ai peut-être eu l'occasion, en temps de frai, de me sentir un peu gêné.

On sait de même que je ne me suis jamais mêlé de la politique et des affaires intérieures d'un pays où je suis étranger, où j'ai reçu une hospitalité à peine troublée par quelques-unes de ces tracasseries policières que M. le baron de Hody avait pour uniques distractions dans l'administration de la Sûreté publique, — avant qu'on lui eût retiré un fardeau qu'il s'était rendu trop lourd par excès de zèle.

Il est également de notoriété qu'après avoir voyagé neuf mois en Amérique, j'en suis revenu vers la fin de l'année dernière avec l'intention d'y fonder une colonie de socialistes, — ce qui est certainement un service rendu à l'ordre public, en Europe du moins ; que j'ai publié un livre intitulé *Au Texas*, où je convie mes amis à aller nous établir tous dans ce pays ; enfin, que mon projet a déjà réuni de beaux capitaux et l'adhésion de nombre de personnes assez abandonnées de Dieu pour préférer le désert à toutes les perfections de la Civilisation européenne, — y compris la protection de la Justice, — et résolues à se condamner elles-mêmes à la Déportation à perpétuité, au-delà des mers.

III

Nous étions à la veille de signer l'Acte de notre *Société de colonisation Européo-Américaine*, dont la discussion nous avait énormément occupés depuis six semaines. Nous étions tous les jours à l'ouvrage à sept heures du matin, huit heures au plus tard, et souvent je ne quittais la besogne qu'à une heure ou deux après minuit.

Le 11 du mois courant, sur les deux heures de relevée, Cantagrel écrivait une lettre à mon bureau. Je m'habillais pour aller avec lui chez un agent de change prendre des renseignements sur le prix moyen du dollar américain évalué en francs. Cette question, peu révolutionnaire, nous avait occupés toute la matinée. C'était un des derniers détails à fixer dans l'Acte.

Deux voitures, roulant dans notre rue tranquille, s'arrêtent à la porte de la maison. On sonne. — Une visite, dit ma femme ; vous ne pourrez pas sortir.

Cantagrel s'était penché à la fenêtre. — Tiens, fit-il en reprenant sa plume, je crois que c'est le commissaire de notre quartier avec deux recors.

— Avez-vous fini votre lettre, Canta ? fis-je en mettant ma seconde botte. Si c'est une visite pour nous, il nous faudra l'abréger. Nous ne ferons jamais tout ce qui nous reste encore de besogne aujourd'hui.

On frappe à la porte du salon.

— Entrez, dit Cantagrel. Ah ! je ne m'étais pas trompé, c'est M. le commissaire.

— Cantagrel continue la plaisanterie, dis-je à ma femme. Qui est-ce qui nous arrive ? Ce sont des amis. — Et je passe de ma chambre au salon, dont la porte était ouverte, sans avoir encore mis mon paletot.

C'était bien le commissaire, son adjoint et un monsieur que je ne connaissais pas.

— M. le Substitut et moi, me dit le premier, nous sommes chargés de faire une visite domiciliaire.

— Chez moi ?

— Oui, monsieur.

— Allons donc !

— Voici l'ordre, me dit-il, en exhibant un papier.

— En vérité ! Et de quoi s'agit-il ?

— De rechercher des armes prohibées et de saisir tous les papiers qui pourraient s'y rapporter.

Ma femme, Cantagrel et moi, nous partîmes d'un éclat de rire en nous regardant tous les trois.

— Allons, dis-je, messieurs, soit ! donnez-vous la peine de vous asseoir et instrumentez. Voilà justement les dossiers de ma correspondance sur les tables, et, pour vous y reconnaître plus aisément, le registre-répertoire.

Ces messieurs se mirent à l'œuvre et firent leur besogne minutieusement, mais avec les meilleurs procédés du monde.

Pendant ce temps ma femme, mise en grande gaieté par l'aventure, conduisait l'adjoint, de la cave au grenier.

Bref. Ces messieurs ne trouvèrent, en fait d'armes à mon domicile que mes cannes à lignes et mes hameçons, mais ils ne crurent pas devoir en opérer la saisie. Ils se convainquirent, en lisant ma correspondance, que l'affaire de la colonisation était très-fortement engagée; et M. le substitut remporta pour tout butin une lettre de Saint-Étienne dans laquelle il est question d'une verrerie à monter au Texas et d'une offre de 330 vieux fusils, estimés 30 fr. pièce, faite, par un fabricant de cette ville, au cas où l'on pourrait les utiliser là-bas et où le gouvernement français en autoriserait l'expédition.

Je me perdais en conjectures sur les motifs de l'équipée. Le commissaire avait l'air de n'en savoir guère plus que moi. M. le substitut me dit que le juge d'instruction m'en apprendrait peut-être davantage, si je voulais me rendre dans son cabinet.

— Avec le plus grand plaisir, fis-je; et, en sortant de chez lui, je compte bien aller trouver aussi M. l'administrateur de la Sureté publique, pour savoir, de lui aussi, d'où vient qu'on me fasse un pareil tour.

Visite domiciliaire et police paraissent toujours aller ensemble : je rapportais naturellement à M. Verheyen l'honneur de l'initiative,—bien que cela me surprit fort. Il savait parfaitement de quoi j'étais occupé jour et nuit.

Un de mes hôtes accidentels m'accompagna au cabinet du juge d'instruction, M. Jules Vautier, où j'avais la parfaite naïveté de croire que je me rendais le plus librement du monde. J'étais prisonnier sans le savoir. Je suis si ignorant des choses judiciaires, et mes visiteurs avaient été si polis!

M. Jules Vautier était sorti. Il devait rentrer bientôt. J'attendis.

Au bout d'une demi-heure, je demandai à l'huissier à quelle heure je pourrais trouver M. Vautier, le lendemain.

— Pourquoi cela? fit cet homme.

— Parce que je perds mon temps ici, et qu'après tout je saurai aussi bien, de M. Vautier, demain, si je ne l'ai appris d'ailleurs, ce que je venais lui demander aujourd'hui.

— Vous êtes en état d'arrestation, fit mon homme.

— Bon, dis-je, vous croyez donc qu'on ne peut venir ici que comme aspirant à la cour d'assises.

— Je vous dis que vous êtes en état d'arrestation. Voilà le papier.

Ma foi, pensai-je, il doit s'y connaître mieux que moi. J'ai été visité domiciliairement. Je suis maintenant arrêté. Ça va assez ensemble.—Ce n'en était pas moins ma seconde surprise. Et j'attendis M. Jules Vautier pour avoir le droit de m'en aller.

IV

Enfin je suis introduit. J'étais intrigué d'avoir le mot de l'énigme. M. Jules Vautier m'indiqua un siége en regardant sur son bureau comme pour chercher des papiers. Son commis-greffier était en face de lui, une plume à la main. — Ce doit être là, pensai-je, la mise en scène d'un interrogatoire. — Pour la première fois de la journée il m'arrivait de deviner juste.

— Connaissez-vous, me dit M. le juge d'instruction, les yeux sur un papier, M. Zanders, fabricant d'armes à Liége?

Ah! c'est bien un interrogatoire, pensais-je, et, fier de ce premier succès, j'ajoutai très-rapidement avec un sourire intérieur : J'y suis! il s'agit des fusils de chasse et des carabines que j'ai commandés à Sanders. A les imbéciles! — Je prie le lecteur de remarquer ici que c'est à moi-même que je parlais aussi familièrement, et que, d'ailleurs, ce mot qui jaillissait d'une improvisation mentale, prompte comme l'éclair, n'était qu'une pure généralité, une véritable abstraction sans désignation de personnes ni aucune application particulière. — En réalité ce n'était qu'une simple interjection.

— M. Sanders, vous voulez sans doute dire, monsieur, répondis-je. C'est un de mes bons amis.

— Ne lui avez-vous pas commandé des armes?

J'expliquai en détail les commandes de carabines et de fusils de chasse que j'ai faites à Sanders pour le docteur William, chirurgien dans l'armée des Etats-Unis, pour Allen et pour moi-même.

Après plusieurs questions et réponses sur ce sujet, M. Jules Vautier me dit tout à coup un mot d'où résultait que ces commandes-là n'étaient pas précisément l'objet de ses investigations. — Bon, pensai-je, voilà encore ma perspicacité en défaut. C'était bien la peine alors, ajoutai-je, toujours en moi-même, de faire écrire à ce pauvre greffier que j'ai commandé un fusil et une carabine pour le docteur William, chirurgien d'un régiment de dragons dans l'armée des Etats-Unis, etc. — Evidemment j'étais vexé d'avoir encore une fois mal deviné. La boutade intérieure que je viens de confesser le prouve positivement.

— Est-ce que vous n'avez parlé à personne de M. Sanders pour des commandes d'armes?

— Oh! 'mande pardon, monsieur. Cela m'est certainement arrivé.

A cette réponse M. Jules Vautier me regarda d'un air sérieux, assez étonné, et scrutateur, qui me faisait dire : ah! ça, qu'a-t-il donc? qu'est-ce qui peut le surprendre que j'aie recommandé Sanders pour des armes? Sanders fabrique très-bien, et c'est d'ailleurs le seul que je connaisse de tous ceux qui font cette partie à Liége.

— Pourriez-vous me nommer les personnes à qui vous avez recommandé M. Sanders?

— Dam! je l'ai certainement indiqué à tous ceux qui ont pû me parler d'achats de ce genre à faire.

— Ne pourriez-vous nommer personne?

— C'est sans importance. Je n'ai pas de noms présents à l'esprit... Ah! si, pourtant, il n'y a pas plus de trois semaines qu'un de mes amis, me disant qu'il avait envie d'un revolver Colt, je lui ai donné l'adresse de Sanders.

— Quelle était cette personne?

— Oh! vous ne le connaissez pas. C'est un Français qui était en promenade : il a couru la Hollande et l'Ardenne. Du reste, si cela peut vous être agréable de savoir son nom, il s'appelle Legrand.

— Ecrivez, dit M. Vautier : M. Considerant répond qu'il a adressé à M. Sanders un voyageur français du nom de Legrand, pour, etc.

J'étais stupéfait de voir écrire tout cela avec le sérieux qu'on y mettait. Est-ce qu'ils vont me faire donner les noms de tous les gens à qui je puis avoir recommandé Sanders? me dis-je. Ma foi! en voilà assez, et du diable si je fais le moindre effort pour m'en remémorer d'autres. Nous ne sortirons pas d'ici avant deux heures, du train dont cela marche!

— Ne vous rappelez-vous pas quelques autres personnes?

— Bien sûr il y en a d'autres, dis-je, mais je n'ai en ce moment aucun nom présent à la mémoire.

— Connaissez-vous M. Vander Elst, employé à l'administration des chemins de fer?

— Parfaitement, monsieur. C'est encore un de mes amis.

Qu'est-ce que vient faire ici Vander Elst? me demandai-je. Allons, décidément l'énigme dépasse mes moyens. Contentons-nous d'écouter le sphinx, en attendant qu'il s'explique lui-même.

— Connaissez-vous M. Brunet d'Argentière?

— M. Brunet l'Argentière, d'Argentière? (je n'avais pas bien saisi le nom du premier coup). Ce nom-là ne me rappelle rien. Est-ce un Français, fis-je, un réfugié?

— Non, il est belge.

— Demeure-t-il à Bruxelles?

M. Vautier me nomma la rue de Brabant, je crois, et je ne sais quel n°.

— Je ne pense pas le connaître, dis-je. Si je voyais, peut-être la figure me rappellerait-elle quelque chose. Il y a des gens qu'on rencontre ici ou là, au café, peu importe, avec qui l'on cause et dont on ne sait pas les noms. Il serait donc possible que je connusse ce monsieur.

On introduisit M. Brunet. Je me levai et saluai. Nous nous regardâmes dans le blanc des yeux.

— Monsieur, lui dis-je, est-ce que nous nous connaissons? Pour ma part, je n'ai pas l'honneur de vous remettre.

— Monsieur, me dit M. Brunet, j'ai eu l'honneur de vous voir quelques minutes en 1847 avec M. ***.

— Monsieur, cela est bien possible et je n'en doute nullement puisque vous le dites. Seulement vous m'excuserez d'avoir totalement oublié votre nom et votre figure.

M. Brunet fut reconduit. Nous ne nous connaissions ni l'un ni l'autre, c'était visible.

Mais, me disais-je malgré ma résolution de ne plus rien deviner, où donc en veut-il venir? — Ce qui m'étonnait là dedans, c'est que M. Jules Vautier avait un air très convenable, et le front d'un homme de bon sens. — N'ayant jamais subi d'interrogatoire, j'y étais et y devais paraître fort neuf.

A ce moment M. Vautier se leva, fit quelques pas à côté de moi, et revint tenant un objet rond, long comme la main, — peut-être un peu plus, — et brun.

Il me le présenta.

Je pris l'objet, le regardai et demandai à M. Vautier ce que je devais en faire.

Cela avait la forme et à peu près la couleur de ces saucissons en bois que les charcutiers pendent devant leurs vitrines, en manière d'imitations ou d'enseignes; mais c'était creux, en tôle, assez mal verni, et s'ouvrait comme un étui à aiguilles. Un trou se voyait vers une extrémité.

— Connaissez-vous cela, me dit M. le juge d'instruction, et pouvez-vous m'en dire l'usage?

J'examinai, ouvris, fermai, et passai mon doigt dans le trou, commençant à me trouver assez mystifié d'avoir à répondre sérieusement à des questions pareilles, me venant, par dessus le marché, d'une personne plus jeune que moi. Je dus déclarer humblement que je n'étais pas capable de deviner l'usage de la chose.

M. Vautier reprit le simulacre de saucisson, le porta dans une caisse d'eau de Cologne marquée *Jean Marie Farina*, sur une table près du mur, et retira, de la paille dont la caisse était pleine, un nouvel objet.

Cette fois c'était une pièce en fer forgé, imitant tout à fait, pour la forme et les dimensions, un gros œuf de dinde, — même plus fort, et approchant de la taille d'un petit œuf d'autruche. C'était donc ovoïdal, creux, s'ouvrant à vis par le milieu, et percé de 10 à 12 trous coniques, rayé chacun d'un pas de vis, et réunis tous d'ailleurs vers l'extrémité du gros bout.

Ici une circonstance assez plaisante faillit compromettre le sérieux que jusque-là j'avais strictement gardé. Ma femme a eu longtemps dans sa boîte à ouvrage une noix de coco, comme en sculptent les prisonniers. Elle l'avait achetée à Toulon où l'on en vend beaucoup. Cette noix s'ouvrait à vis par le milieu, justement comme l'objet que je viens de décrire. Mais ce qui avait fait à ce coco, dans notre monde, une petite célébrité, c'est qu'il constituait une vengeance originale de l'auteur contre la Justice avec laquelle il avait eu des démêlés.

Le rancuneux prisonnier avait effectivement représenté sur un écusson, dans la partie la plus visible, *un Ane et un Juge*, en grand costume, — je parle du juge.

Or, un jour que ma femme tenait par hasard et s'amusait à détailler son coco, elle partit d'un éclat de rire.

— Qu'est-ce? dis-je.

— Ah! vois, tiens, lis, me répondit-elle en continuant à rire, et en suivant une ligne, sur le coco, avec le bout de son aiguille. Je lus, en effet, sur une banderole perdue autour de l'écusson, taillés en très-petites lettres formant une légende qui faisait parler l'Ane, ces huit mots : LUI, MOI ET CELUI QUI LIT *fons* TROIS.

Cette boutade de l'artiste toulonnais nous fit beaucoup rire.

Malgré ce souvenir, qui me revenait si naturellement à la vue du coco de M. Vautier, — mais si hors de propos en face d'un juge, — je pris, avec toute la gravité que j'y pus mettre, ledit coco, l'ouvris, le fermai, le tournai, le retournai, le fis sauter dans le creux de ma main, et fus enfin obligé de convenir encore que ma perspicacité était en défaut.

— Ce sont, me dit M. le juge, des projectiles incendiaires, des machines explosives.

— Diable! fis-je. Je ne voudrais pas faire tort à l'inventeur, mais à en dire mon avis sur un premier coup d'œil, ça ne me paraît pas très fort.

— Ces trous, reprit-il, sont destinés à recevoir des cheminées (ou des pistons, je ne me rappelle plus le mot dont M. Vautier se servit) de capsules. M. Sanders, qui a fabriqué la boule, l'a déclaré.

J'admis sans résistance qu'on pouvait effectivement loger, dans chacun de ces trous, tout objet armé du pas de vis correspondant, et que ces objets seraient naturellement, des cheminées de capsules, si le fabricant avait indiqué, pour les trous, cette destination.

Ici nous eûmes une petite conversation technique dans laquelle M. le juge d'instruction, — qu'il me permette de le dire, encore que je m'avoue assez rouillé à l'heure qu'il est sur mes anciennes études d'artillerie à l'Ecole de Metz, — me fit l'effet de n'être pas très-fort en balistique.

Il m'expliquait la raison de la forme ovoïdale; le poids plus lourd du gros bout que du petit; les pistons accumulés sur le gros bout; la position de chute du projectile;... enfin rien n'y manquait.

Seulement, obligé en âme et conscience de formuler ma pensée crue et nue, j'eusse été réduit à déclarer que tout cela me paraissait assez absurde. Je fus au moment d'essayer d'exposer à mon interlocuteur le principe élémentaire de la théorie du *double mouvement des corps;* mais je pensai que ce n'était pas le lieu, et que j'y perdrais mon latin. Il était visible qu'on tenait à un projectile explosif bien conditionné. Soit! pensais-je. Si la Justice le veut, c'est son affaire.

Je dois cependant, pour rendre un hommage complet à la vérité, reconnaître que M. le juge d'instruction, s'il se montrait plein de confiance à l'endroit de l'œuf d'autruche, paraissait beaucoup moins sûr du saucisson. Le saucisson le gênait. Le saucisson semblait même par moment l'embarrasser sensiblement. Je me disais à part moi : — S'il rencontrait seulement quelqu'un qui consentît à lui passer l'œuf, je gage qu'il n'hésiterait pas, en échange, à passer le saucisson.

J'avais repris ce dernier et joué pendant quelques temps avec les deux machines infernales. Je les reportai moi-même dans la paille de la caisse d'eau de Cologne d'où on les avait tirées. J'y trouvai, en fouillant, un de ces petits revolvers à 6 ou 8 canons, comme il y en a à toutes les vitrines des armuriers. Pas possible de faire de cela une arme prohibée : aussi n'en était-il pas question. Mais ce que j'en tirai encore avec étonnement, ce fut un miroir grand comme la main, collé sur un morceau de carton qui paraissait un débris de boite ronde, ou une partie de ces têtes à perruque qui servent aux modistes à poser les chapeaux de dames pour les garnir.

Qu'est-ce que ceci? me demandai-je. — Soudain, je fus frappé du souvenir des miroirs ardents avec lesquels Archimède brûla la flotte des Romains dans le port de Syracuse. — Mais, voyant qu'on n'avait pas songé à faire, de cette nouvelle pièce, une machine incendiaire, je gardai pour moi mon idée. Je n'étais pas du Parquet, moi, ni chargé de fournir des armes à l'accusation. Je gardai donc mon idée et je fis bien. D'ailleurs, j'avais déjà eu de la balistique assez et ne me souciais pas du tout d'amener encore la catoptrique dans l'affaire; — d'autant qu'il commençait à se faire tard.

Le lecteur doit comprendre que tout ceci avait encore peu avancé les éclaircissements sur les motifs de la visite domiciliaire, que j'avais cru être venu chercher de mon plein gré chez M. le juge d'instruction.

A ce moment même, n'ayant encore absolument rien vu ni entendu qui pût m'indiquer pourquoi on m'avait fait tant de questions singulières, je ne savais pas du tout où l'on voulait en venir. Et pour être juste, je dois ajouter que M. Vautier semblait embarrassé et était probablement un peu honteux de ce qu'il lui restait à me dire. Je crois bien, aujourd'hui, qu'il désirait qu'en devinant quelque chose, je lui évitasse une partie du chemin et fisse au moins la moitié de la besogne.

Mais j'étais très-bête et ne devinais rien du tout. Je ne soupçonnais pas encore que je fusse pour quelque chose là-dedans. En présence de la figure douce et bienveillante de mon interlocuteur, tout magistrat qu'il fût et tout interrogé que je fusse, je ne songeais pas plus à être inquiet pour ma liberté que l'hirondelle qui vole à perte de vue dans les airs.

Il faut dire, à ma décharge, que c'était la première fois que je me trouvais en pareille passe; que je n'ai jamais rien compris à la Justice; que, n'étant jamais entré dans le sérail, j'en ignorais totalement les détours, et qu'enfin, depuis le dernier quart d'heure surtout je croyais tout bonnement causer avec un homme comme il faut, — pas très-fort en balistique sans doute, — mais nullement avec un juge d'instruction, — et pour mon propre compte. — Je n'avais vu, me concernant, que mes fusils et mes carabines commandées à Sanders, ce qui était évidemment sans conséquence discutable.

— Enfin, fis-je bientôt, ayant envie de m'en aller, seriez-vous assez bon, monsieur, pour me dire à quel propos vous venez de me présenter les objets de tout à l'heure? et quel est mon rôle ici?

— M. Considerant, me répondit M. Vautier, ces projectiles ont été commandés à M. Sanders par M. Brunet de l'Argentière.

— Je n'ai nul motif pour en douter dès que vous le dites, Monsieur; Mais ce n'est pas là le point qui m'intéresse.

— Ils ont été commandés à M Sanders, par M. Brunet, pour vous.

M. Vautier me disait cela très-simplement, et comme s'il m'eût parlé d'une nouvelle que je susse déjà. — Je me demandai si je rêvais, ou si, malgré tous les signes ordinaires de la raison écrits sur sa figure, mon interlocuteur était fou.

— Eh! que diable voulez-vous lui, dis-je, que je fasse de ces ustensiles?

— M. Considerant, reprit-il, toujours très-simplement, *M. Sanders a déclaré que ces objets avaient été fabriqués pour vous.*

(*Nota Bene* : CELA N'ETAIT PAS VRAI...! Mais n'anticipons pas; nous verrons plus tard).

— Ah! pour le coup, c'est par trop fort, m'écriai-je vivement. M. Sanders n'a pas dit cela, monsieur! Je vous déclare, moi, qu'il n'a pas dit cela. C'est impossible!...

Et puis, toujours naïf, toujours benêt, stupide si vous voulez et incapable de supposer que la Justice, représentée par la figure honnête et bienveillante que j'avais devant les yeux, pouvait tromper, ou même se tromper sur un fait aussi net et aussi important, à ses yeux du moins dans l'espèce, l'idée me jaillit que Sanders devait avoir été dupé par quelque intrigue, et j'ajoutai...—Ou bien, alors, si Sanders a dit cela, c'est qu'on l'aura attiré, avec mon nom, dans quelque mystification. Il n'y a pas de milieu, Monsieur : ou Sanders n'a pas dit cela; ou, s'il l'a dit, il y a une intrigue, quelque escroquerie probablement.

Et puis, admirez encore ici ma candeur; n'ayant pas encore compris que j'étais en *prévention,* pas soupçonné que ma liberté pût être en question, ne sachant pas encore d'ailleurs que Sanders fût arrêté, je remerciai chaleureusement M. le juge d'instruction, de la révélation qu'il avait bien voulu me faire enfin, et lui dis qu'immédiatement en sortant de chez lui, j'allais écrire à mon ami de se tenir sur ses gardes contre la singulière spéculation dont je ne doutais pas qu'il fût déjà plus ou moins victime.

Je me rappelai bientôt et racontai à M. le juge d'instruction, qu'il y a quatre ans et demi, environ, pareille aventure m'était déjà arrivée; qu'un inconnu, avec une lettre simulée de moi avait été demander à un sénateur, de Charleroi, très-riche et très conservateur, de l'argent, de ma part, et pourquoi faire? Pour faire un journal destiné à renverser la monarchie, le gouvernement, toutes les bases, tous les fondements, toutes les colonnes de l'ordre et de la société, que sais-je? M. de Haussy, alors ministre de la justice, me montra cette lettre, où l'on ne s'était même pas donné la peine d'imiter ma signature, et m'apprit qu'on avait failli, la veille ou l'avant-veille, mettre la main sur l'individu au moment où il faisait une tentative semblable, toujours avec mon nom, sur un employé du ministère de l'intérieur — ou des finances.

Bref, je restais convaincu que Sanders avait eu affaire à quelque drôle qui avait essayé de lui extorquer en mon nom des armes ou n'importe quoi, et, j'en demande mille fois pardon à M. Brunet de l'Argentière, dont le nom et la personne m'étaient totalement inconnus, je le soupçonnais très-fort d'être ce drôle.

Que tout homme droit, et aussi peu expérimenté personnellement en pratique judiciaire que je l'étais alors, se mette à ma place; pouvais-je suspecter une déclaration formelle et catégorique de la Justice? Et tout ne concourait il pas à me faire tomber dans l'idée qu'on m'avait honnêtement tendue?

M. Jules Vautier m'écoutait, m'observait, je me le rappelle fort bien aujourd'hui, et ne me dit pas un seul mot, ce soir-là, qui pût me détourner de la pente que, — sous la conduite de sa parole, à laquelle j'ajoutais foi comme à moi-même, — ma pensée avait dû suivre.

Ces choses, si vite dites, avaient pris beaucoup de temps, grâce à la lenteur avec laquelle procède la Justice. Rien que pour dicter au greffier quelques phrases destinées à fixer, dans le procès-verbal, les bribes de l'interrogatoire qu'il plaît à l'Instruction d'y rappeler, il faut un temps considérable.

M. Jules Vautier, d'ailleurs, faisait comme quand il vous manque quelque chose et qu'on veut gagner du temps, ou pour mieux dire, en perdre. Il allait, sortait, rentrait; M. le substitut venait lui parler; ils chuchotaient ensemble, passaient ensemble dans l'arrière-cabinet; puis il sortait encore.

Le pauvre greffier mourait de faim, et aurait bien voulu s'en aller. Moi aussi. Quand M. Vautier rentrait, il lui disait qu'il était bien tard et que M. Considerant s'impatientait. Il était évident qu'il gravitait en raison directe du carré des temps, sur un dîner déjà refroidi, et qu'il n'était pas même soutenu, comme moi, par le désir de savoir le dernier mot d'un logogriphe.

Enfin M. Vautier revenant une dernière fois, et évidemment gêné, m'exposa qu'il était bien tard, qu'il lui manquait encore quelque chose, et qu'il se voyait, très à contre-cœur, obligé de remettre au lendemain la suite de l'interrogatoire.

— Soit! fis-je. Je serai à votre disposition demain. A quelle heure devrai-je me présenter?

— Mais... C'est que... Je ne puis... vous laisser libre, M. Considerant. M. Sanders a été arrêté à Liége. D'autres personnes aussi. On a fait plusieurs visites domiciliaires. Il y a des pièces que je n'ai pas encore.

— Or çà! fis-je, je suis donc en état d'arrestation?

— Mais non! mais non! Je ne signerai même pas un mandat de Dépôt. Je vous mettrai aux Petits-Carmes. Vous y serez en...

— Je comprends, dis-je riant, en *état d'interrogatoire*

— C'est cela, fit-il en riant lui-même.

Je pensai que cette solution était une nécessité des procédés judiciaires. L'aventure était bouffonne. Le Parquet, — je n'ai jamais eu de grande sympathie pour les Parquets en général, — s'était évidemment jeté dans une bourde énorme. Cela aboutirait à un dénouement des plus ridicules. En somme, bien que je fusse sérieusement contrarié d'avoir perdu déjà une demi-journée quand j'avais si grosse besogne sur les bras, je n'étais pas fâché d'être un moment là-dedans, pour voir. Il sera plaisant, me disais-je, d'observer un instant, dans la coulisse, la Justice de la Civilisation à l'œuvre, et d'en finir avec l'une et l'autre par une aventure aussi grotesque.

La prison était d'ailleurs une connaissance qu'il me restait à faire avant de quitter l'Europe. Cela venait combler à point une petite lacune laissée dans mon existence et achever mon éducation sociale. Ce ne devait être, d'ailleurs, qu'une nuit à y passer.

Mon juge me paraissait confus, peiné, il l'était même réellement. C'est un homme de fort bonne compagnie. Je ne lui fis aucune objection, et nous nous quittâmes en excellents termes. — Je demandai seulement si je pouvais écrire à ma femme pour avoir un bonnet de nuit, ce qui me fut octroyé sans difficulté.

V

On me ramena dans l'espèce de vestibule où aboutissent les corridors et où sont les bureaux des huissiers.

Ici tout le monde maugréait.

— Quel chien de métier ! disaient deux gendarmes. Être tenu dans cette cahutte depuis 7 heures du matin jusqu'à 7 heures du soir (il n'était pourtant encore je crois que 6 heures et demie) et avec des pots d'eau fraîche pour toute nourriture à se mettre entre les dents !

J'entendis le lendemain, à la même heure, les mêmes plaintes de ces pauvres jeunes gens ; et c'est vraiment pitié (puisse cette observation leur valoir !) que la Justice ménage si peu la santé de ceux-là même à qui elle emprunte toute sa force : car enfin, que seraient ses mandats et ses arrêts sans les exécuteurs ? de simples écritures, n'ayant plus ni valeur ni effet, qu'il deviendrait même superflu de griffonner.

Quoi qu'il en soit, je constate qu'en cette circonstance, les *Membres*, comme dit la Fable, ne paraissaient pas du tout satisfaits de l'*Estomac*.

J'écrivis, sur un des bureaux, un mot à madame Considerant, et j'avais déjà demandé un pain à cacheter, quand arriva à moi le greffier qui me dit avec un sentiment marqué de pudeur et un embarras de bonté : — M. Considerant, vous ne parlez pas à madame de l'affaire, n'est-ce pas ? M. le juge d'instruction m'envoie...

— Ma foi, lui dis-je, en rouvrant celle-ci, voulez-vous lire ma lettre ?

— Oh ! non ! oh ! non.

— Mais, si, lisez ! Moi, vous comprenez, je ne sais pas bien jusqu'où peuvent aller mes droits en pareille circonstance. Tenez, portez ma lettre au juge d'instruction ; comme cela, tout sera au mieux.

Il prit la lettre avec répugnance et la porta. Elle me fut bientôt rendue avec permission d'expédier, et, puisqu'elle a passé par l'Instruction, je vais la donner au lecteur : N'ai-je pas dû reconnaître, le lendemain même, que la lettre la plus insignifiante se transforme, par un simple contact avec la Justice, en *pièce judiciaire très-grave ?*

Voici donc mon autographe ; — ici encore, on voudra bien excuser l'extrême familiarité de certains termes. On ne se gêne pas en écrivant à sa femme.

Ma chère petite,

C'est une comédie dans toutes les règles. C'est fort embêtant sans doute, mais si bouffon que je ne sais si je ne dois pas me réjouir d'avoir ce petit échantillon de civilisation pour en finir.

Interrogatoire dans les règles. Très-bons procédés, du reste, du juge d'instruction. Il est désolé d'être obligé de me retenir jusqu'à demain. C'est tout un imbroglio. Sanders, me dit-on, a fabriqué des espèces de tubes cylindriques qui sont ou peuvent être des armes incendiaires ; il aurait déclaré que c'était pour moi. Un Monsieur Brunet d'Argentières les aurait reçus. C'est lui qui les aurait commandés pour moi à Sanders. Van der Elst en est aussi. Sanders est arrêté et moi en prolongation d'interrogatoire jusqu'à demain. Cela me pique au jeu et il me tarde de voir comment l'énigme se débrouillera.

Ne t'inquiète pas. Envoie-moi ma bourse ; je n'avais pas pris d'argent. Charge Canta de m'apporter cela aux Petits-Carmes. Il faut aussi m'envoyer quelques mouchoirs de tête pour la nuit.

Que de peine et de mouvement ces pauvres civilisés se donnent pour rien, pis encore, pour se tourmenter les uns les autres. Ça ne fait rien, si ce n'était du retard à nos affaires, je ne serais pas fâché de l'aventure.

A demain, ma belle. V.

Vendredi soir, au Palais de Justice.

— Prenez-vous la charrette ou une voiture? me dit d'un ton brusque l'huissier de prison. — Sans doute qu'il avait faim aussi, celui-là.

— Votre prison est donc bien loin? je suis très-disposé à aller à pied; il y a si longtemps que je suis assis.

— Je vous dis, prenez-vous la charrette ou une voiture? Si vous voulez une voiture, il faut payer. Vous ne pouvez pas aller à pied en prison.

Ce mot de *charrette*, tombant si brusquement, sonnait mal à mon oreille. Confessons donc que mon premier mouvement fut un peu de respect humain à l'endroit de la charrette.

— Je n'ai pas ma bourse, fis-je, et la Justice qui m'a mis en arrestation, sans me l'avoir fait comprendre quand j'étais encore chez moi, me doit au moins l'avance d'une *vigilante*.

— Je n'ai pas d'argent à vous donner, moi.

Ces deux phrases n'étaient pas échangées que j'étais déjà devenu plus sage. J'avais compris que mon respect humain n'était qu'une petite faiblesse et que je manquais peut-être l'occasion d'expérimenter aussi *la charrette*.

— Soit! dis-je. Va pour la charrette.

En ce moment même arrivait de nouveau à moi, empressé et ému, le bon greffier. Il avait eu vent, dans le corridor, de la question pendante, et m'apportait 5 francs de sa poche, en répétant avec des gestes et un ton pénétrés : Oh! M. Considerant dans la charrette! M. Considerant dans la charrette!

Je sentis que je désobligerais cet excellent homme en refusant son offre et m'entêtant à tâter, ce coup-ci, du véhicule de la cour d'assises, mais me promettant bien d'en faire la connaissance le lendemain. J'acceptai donc, touché du procédé. — J'ose espérer que MM. de Hody et de Bavay, de qui, je suppose, ce fonctionnaire dépend, ne lui imputeront pas à crime ce bon mouvement et le témoignage que je crois devoir en rendre. — Que si, de ce chef, il devait encourir une disgrâce de ces messieurs, je prends publiquement l'engagement de lui faire avoir ailleurs une position valant au moins celle qu'il occupe.

Nous voici donc en prison. Je me croyais quitte, pour ce jour-ci, des interrogatoires. J'avais compté sans mon *hôte*, c'est le cas de le dire.

— Comment vous appelez-vous?

— Victor Considerant.

— Votre âge?

— 45 ans.

— Où êtes-vous né?

— A Salins, département du Jura, France.

— Quel est votre état? Homme de lettres, — (on avait mis au Palais, *homme de lettres*, sur mon Mandat d'amener, sans me consulter).

— Mettez plutôt rentier ou propriétaire, fis-je; c'est mieux porté :

— Quels sont vos moyens d'existence?

— Je viens de vous dire que j'étais propriétaire.

— Etes-vous marié?

— Oui.

— Avez-vous des enfants?

— Non.

— Quel est le nom de votre femme?

— Julie Vigoureux.

— Où est-elle née?

— A Besançon.

— Quel âge a-t-elle?

Notez qu'on écrivait tout cela. — Elle a, dis-je, 55 ans. (Je sauvais quelque chose).

— Vos père et mère sont-ils morts ou vivants?

— Morts.

— Le nom de votre père?

— Jean Baptiste Considerant.

— Où est-il né?

— A Salins.

— Combien y a-t-il qu'il est mort?

— 25 ans.

— Le nom de votre mère?

— Suzanne Courbe.

— Où est-elle née?

—Encore à Salins.

— Est-elle morte avant ou après votre père?

— Plusieurs années après.

— Combien de fois avez-vous déjà été condamné?

— Une seule.

— A quoi?

— A la peine capitale,... devenue seulement, depuis 1848, ajoutai-je après une petite pause, la déportation à perpétuité et la mort civile. Je croyais faire un petit effet avec ma condamnation capitale. Rien du tout!

— C'est pour politique, peut-être, fit avec indifférence un voisin à l'employé chargé d'écrire.

— Oui, dis-je, pour politique.

— Par quel tribunal avez-vous été condamné?

— Par la haute cour de Versailles.

— Ah! fit-il, à Versailles? par la cour d'assises?

— Non, par la haute cour de justice.

L'employé ne comprenait pas bien. — C'est, lui dis-je, une machine qui n'existe plus maintenant, je crois. — Hé bien! mettez comme on vous dit, fit le voisin.

— Quand a eu lieu votre condamnation?

— Il doit y avoir bientôt cinq ans.

Le lecteur pourrait croire que j'ai chargé le nombre des questions. C'est une erreur. J'en ai omis; entre autres sur mes séjours en Belgique et mon voyage d'Amérique, que j'expliquais sans doute fort mal, car on ne parvenait pas à s'en tirer. — Et le lendemain il a fallu recommencer à nouveau, la première pièce ayant été « à destination de l'Autorité supérieure. » — Saint Paperasserie, priez pour nous!

Ce n'est pas la faute de ces pauvres employés, j'en conviens; mais ça ne laisse pas que d'être un peu agaçant, surtout quand on n'est pas encore accoutumé.

Après que vous avez signé ce nouvel interrogatoire, on vous enfile dans le labyrinthe des corridors, fermés de distances en distances par des grilles. Les gardiens sont fort honnêtes. Je n'en ai trouvé qu'un de brutal, et encore rien que le premier jour. Il faut dire à sa décharge qu'il était très-gros et avait l'air assez bête.

Nous voici donc à l'isolement. C'est le mot moderne. Une cellule voûtée, de 10 pieds de long sur 7 de large. C'était une des belles. L'ameublement est simple : un escabeau de bois; une petite table encastrée dans le mur; une galette de paille, très-étroite et de trois ou quatre pouces d'épaisseur; deux draps d'une couleur foncée, moins longs que la paillasse; deux couvertures de laine, et enfin un baquet... comment dire :... quelque chose enfin sur quoi le lecteur me dispensera de l'arrêter. — Voilà l'inventaire au grand complet.

Le jour pénètre dans la cellule par une baie pratiquée à deux mètres au-dessus du sol, grillée, au dehors, de bonnes barres de fer, et munie d'un chassis de verre dépoli, mobile sur un axe horizontal, que les gardiens peuvent manœuvrer au moyen d'une clef, mais qui s'entr'ouvre juste ce qu'il faut pour que le prisonnier ne puisse pas apercevoir vingt centimètres du ciel.

Le soir venait. Je n'avais rien pris depuis le matin. Je demandai à manger.

— Mon Dieu! dirent les gardiens qui m'emménageaient, nous sommes bien fâchés, mais il est trop tard. L'heure des distributions est passée et la cantine est fermée.

Je fis entendre que, *absolument*, je voulais manger.

On m'apporta, à mes frais bien entendu, mais pas trop cher, une tranche de pain, une lèche de fromage et un peu de beurre plié dans un petit bout de papier gris, plus un demi-litre de bière dans une sébile de bois—d'un aspect très-peu ragoûtant pour qui n'a pas encore l'habitude de ce meuble commun à tous les pensionnaires de l'établissement. Cependant j'avais très-soif, et, bien que je reculasse encore le moment de boire dans cet ustensile, je réfléchis qu'il était bon, à tout hasard, d'en présumer résolument la propreté.

Je demandai de la lumière. Impossible.

J'avais été fouillé et débarrassé de mon couteau. C'était de règle. Mais enfin, avec mes doigts, un peu de jour qui restait encore, et de l'appétit, je parvins à souper. Seulement le fromage était très-fade, le beurre, dans son papier gris, à moitié fondu par la chaleur (le 11 était un jour chaud), et j'aurais bien donné quelque chose pour avoir du sel. J'en mange dans tout, et beaucoup.

Pour terminer, j'abordai bravement la redoutable sébile à bière. J'y introduisis ma tête et bus, en allongeant les lèvres et pompant le liquide, de façon à éviter le contact des bords du vase. C'était peut-être une susceptibilité exagérée, une recherche gratuitement injurieuse au mobilier de la maison; mais, hélas! qui de nous oserait se vanter de ne s'être jamais senti un peu aristocrate?

J'implorai vainement, à plusieurs reprises, de mes gardiens que je traitai de cœurs durs, du feu pour allumer un cigare; et, après une promenade de deux heures dans la diagonale de mon nouveau domicile, je me couchai tout habillé, comme je l'avais fait si souvent l'année dernière, mais sur la terre libre du désert et sous le beau ciel du territoire Indien ou du Texas.

Et pourquoi, puisque ma plume s'est laissée entraîner à une conversation intime avec le lecteur, ne lui dirais-je pas ici une chose qui est à mon avantage? cette chose c'est que j'avais déjà, parmi les gardiens et les garçons de l'établissement, une heure à peine après y être entré, quatre ou cinq amis, faits d'emblée par ma mine, et ma bonne contenance.

Une seule affaire me chagrinait, c'était de n'avoir que mon mouchoir de poche à poser sur ma tête. — J'avais donné un franc au commissionnaire du Parquet à condition que ma lettre serait remise à ma femme dans la demi-heure. Mais la Justice est lente, et ses commissionnaires aussi : la lettre ne parvint qu'à dix heures du soir. — Je regrettais donc de ne pouvoir me bien envelopper la figure pour éviter, pendant le sommeil, un contact probable avec l'enveloppe de la paillasse, sur le compte de laquelle je n'avais pu m'empêcher de conserver des préjugés.

J'avais cru y remarquer, en entrant, certaines taches un peu suspectes; ce n'était peut-être, après tout, que des inégalités de couleur.

En somme je dormis fort bien, et, le lendemain matin, le bon major, qui m'avait déjà distingué parmi ses nombreux pensionnaires, m'apporta un volume des *Belges aux Croisades*, plus le *Catéchisme de Persévérance* de *l'abbé Gaume*. Que me manquait-il? C'eût été faire preuve d'un caractère bien difficile que de ne pas se montrer et se sentir satisfait. Le bruit des trousseaux de clefs, les sabots des prisonniers dans la cour et les corridors, le grincement des verrous et des portes, les appels au sifflet, etc., etc., me faisaient d'ailleurs une musique assez animée et toute nouvelle. — J'étudiais sur moi-même cette vie de prison et de cellule avec un intérêt réel.

Je pensais qu'à dix heures, onze au plus tard, M. le juge d'instruction me ferait appeler. Cela se prolongea jusqu'à deux ou trois heures de l'après-midi.

Je fis mes adieux au major en repoussant avec une parfaite assurance ses arrangements pour la nuit suivante, et je montai gaiement dans l'équipage philantropique et cellulaire auquel l'huissier en question s'obstine, si mal à propos, à donner encore l'ancien et vilain nom de *charrette*.

On me descendit à la porte du Palais de Justice.

Mme Considerant, accompagnée de Cantagrel, y stationnait depuis longtemps; mais il leur était interdit de m'adresser la parole. Nous échangeâmes un sourire accompagné d'un haussement d'épaules, mutuel et philosophique, et je pénétrai dans le monument. C'était très-bien.

Après avoir causé environ trois quarts d'heure avec mes gendarmes, — de beaux grands jeunes gens de 21 ans, qui me racontèrent leur histoire en se plaignant et buvant de grands verres d'eau, comme la veille, pour tromper la faim, et non sans m'en offrir, — je fus introduit.

VI

— Eh bien, me dit M. Jules Vautier avant que je fusse assis, et d'un air joyeux, j'ai maintenant la pièce. Je n'ai jamais pu me la procurer hier. C'est pour cela que j'allais et venais, et que nous n'avons pu terminer notre interrogatoire.

Ce disant il frappait, du bout des doigts, sur une lettre, du format dit *poulet* chez les marchands de papier, qu'il tenait de l'autre main.

Ah! parfaitement, fis-je, en prenant un siége. L'affaire va se débrouiller.

Je m'assis, et M. le juge d'instruction me lut une lettre adressée par M. Brunet à Sanders, et conçue comme ceci. Je cite de mémoire, mais je garantis la fidélité textuelle du passage qui me concerne :

« Monsieur,

« Je n'ai sous la main que trois billets de 20 fr., je vous enverrai le « complement des 100 fr., dans un court délai.

« Victor Considérant demeure rue de la Machine Hydraulique, 32. « Si vous voulez vous expliquer vous-même avec lui vous pouvez lui « écrire. Il est encore ici pour quelques jours.

« Envoyez-moi, je vous prie, les boules en fer, etc. » — Le reste du paragraphe, dont je ne me rappelle pas les termes, ne faisait que continuer la pensée de la demande d'envoi.

M. le juge avait lu le tout d'un seul trait, sans s'arrêter aux alinéas, de sorte qu'étant toujours sous l'impression que Sanders était dupe d'une spéculation dont l'abus de mon nom aurait fait, en partie du moins, les frais, je répondis, du beau milieu de l'idée où l'on m'avait fait tomber la veille : — Ceci est fort singulier d'assez d'aplomb, et me semble une confirmation de l'hypothèse d'intrigue que j'ai dû déduire des renseignements que vous avez bien voulu me donner hier. Mais, ajoutai-je, rien n'est plus facile que d'éclaircir la chose. Vous avez l'auteur de la lettre sous la main. Veuillez le mettre de nouveau en ma présence. Il faudra bien que ceci s'explique.

— Vous avez entendu, me dit le juge, il parle de vous comme d'une connaissance. Il dit familièrement Victor Considerant, et non M. Considerant. Il est au courant de vos affaires. Il sait que vous n'avez plus que quelques jours à rester à Bruxelles.

— Je ne puis que vous répéter, monsieur, que je ne connais M. Brunet ni d'Eve ni d'Adam. Je consens à ce que vous me fassiez guillotiner sur la Grand'Place, si l'on peut établir que j'aie eu la moindre relation directe ou indirecte avec lui, et je ne comprends pas que ce monsieur se soit permis d'employer ainsi mon nom dans cette lettre.

— Ecrivez, dit M. Vautier au greffier : M. Considerant déclare ne pas comprendre que M. Brunet se soit permis, etc.

Et puis, après une pause, la Justice ajouta :

— Mais peut-être le passage de la lettre où il est question de vous, a-t-il en réalité un sens tout à fait étranger à l'affaire?

Cette remarque, faite d'un ton tout bienveillant d'ailleurs, me charma autant qu'elle me surprit. Quel bon et honnête homme! me dis-je; j'ai bien eu raison de lui accorder, dès les cinq premières minutes, toute ma confiance. En voici un, toujours et pour sûr, qui n'est pas gâté!

— Permettez-vous que je prenne connaissance par mes yeux de la lettre? je ne l'ai encore entendue que par les vôtres, dis-je.

M. Jules Vautier me tendit la lettre.

Eh! sans doute, vous avez parfaitement raison, m'écriai-je après l'avoir vue : la phrase où il est question de moi n'est nullement mêlée, comme il paraissait à votre lecture, au restant de la lettre; c'est un alinéa tout à fait distinct, et je rétracte, à la vue du texte, l'expression que vous venez de faire écrire. Elle serait ridicule si l'auteur de la lettre n'a pas eu l'intention de mêler mon nom à l'histoire des boules.

Pendant que le greffier formulait cette réserve, une réflexion fort naturelle se présenta à moi, et je la communiquai dès qu'il eût cessé d'écrire.

— Je ne comprends plus rien maintenant à cette affaire, dis-je à M. Vautier. Je ne m'explique plus comment Sanders peut avoir déclaré que c'était pour moi qu'il avait fabriqué les ustensiles en prévention.

— Mais non, mais non, fit précipitamment M. Vautier : c'est une erreur; M. Sanders ne déclare pas cela.

— En vérité? Eh bien, alors, fis-je, sans m'arrêter seulement à la contradiction de ces derniers mots avec le témoignage que la Justice avait rendu la veille, alors, c'est fini, en ce qui me concerne.

Il venait de se faire un changement à vue sur la scène; j'étais à cent lieues de l'ombre d'un soupçon sur la parfaite loyauté de l'instruction; je mettais la contradiction sur le compte d'une erreur désormais sans importance. Tout tombait à la fois.

— Il ne me reste donc plus, monsieur, lui dis-je, qu'à prendre congé de vous, avec la satisfaction, ajoutai-je en riant, d'avoir fait votre connaissance.

M. Vautier sourit du mot; et puis, après, passant à un air qui, pour la première fois de ce jour-ci, me parut un peu *magistrat*, et faisant visiblement un certain effort intérieur comme pour s'assurer dans un parti pris, il me dit :

— Non! je ne puis pas vous relâcher.

Allons, pensais-je, il y a encore sur moi quelque autre histoire qu'il va falloir débrouiller. Au temps qu'on y met, je coucherai encore aux Petits-Carmes cette nuit.

— C'est donc, fis-je, que vous ne m'avez pas encore tout dit. Vous avez quelque autre chose, quelque rapport, quelque indice qui me concerne. Soyez assez bon pour me mettre à même de m'expliquer sur ce qui reste. J'ai sur les bras une besogne très-grosse et suis fort pressé, je vous le confesse, de retourner à mes affaires.

— Quelque autre chose sur vous? Non. Il n'y a rien, absolument rien que cette lettre. Mais cette lettre, elle subsiste toujours.

— Ne m'avez-vous pas dit que M. Brunet a déclaré que le passage où mon nom figure ne regarde pas les machines de la caisse d'eau de Cologne, et que Sanders n'a pas dit un mot d'où l'on pût inférer que.....

— Sans doute. Mais ce passage, il faut qu'il s'explique. Votre nom y est en toutes lettres! Comment pouvez-vous expliquer cela?

— Ah ça! lui dis-je en riant, voyons, je suis bien dans le cabinet d'un juge d'instruction. Vous êtes bien la Justice, et quelque étranger que je sois à ses habitudes, je crois savoir qu'elle ne fait pas de plaisanteries. Je ne rêve pas, et ceci ne peut être un jeu. Et cependant vous m'obligez à vous demander si c'est sérieusement que vous exigez de moi des explications sur les raisons qu'a pu avoir un homme, à moi inconnu, de donner mon adresse à Sanders qui la sait parfaitement d'ailleurs, et qui m'a écrit peut-être dix fois, rue Hydraulique, 32, depuis six mois que j'y demeure...

Si vous voulez des explications là-dessus, demandez-les à M. Brunet! Quant à moi, il tombe sous le sens qu'il serait absurde, accordez-moi le mot, d'exiger et même de demander que j'en fournisse.

— Mais M. Brunet ne veut pas parler. Il fait du mystère. Il refuse de s'expliquer avec moi. Il prétend qu'il a des raisons d'honneur pour se taire.

— Bon! Mais en ce qui concerne le passage qui me regarde?

— Oh! là dessus, je vous le répète, il déclare hautement que cela n'a aucun rapport à sa commande à M. Sanders, que ce passage est tout à fait étranger au reste de la lettre.

— Hé bien, donc?

— Hé bien!... Mais, M. Considerant, il faut à la Justice que cela s'explique!

— Mais, M. Vautier, je ne demande pas mieux; seulement vous ne voulez pas, je pense, me charger personnellement de l'Instruction. Qu'il vous faille des explications, j'y consens et n'y saurais contredire; mais, que je doive rester en prison jusqu'à ce que je vous les aie fournies, jusqu'à ce que j'aie deviné dans quel but M. Brunet a donné à Sanders mon adresse, et l'avis que j'étais encore à Bruxelles pour quelques jours et qu'il pouvait m'écrire! cela, convenez-en, deviendrait burlesque.

— Monsieur, reprenait M. le juge en répétant le même jeu de physionomie que tout à l'heure, cette lettre constitue contre vous une charge grave.

— Allons donc! vous avez beaucoup trop de bon sens pour penser cela.

— C'est une charge en Justice, monsieur, une charge très-grave!

— Une mauvaise charge, dis-je, en lâchant un mauvais calembourg, qui n'eut même pas, je crois, l'honneur d'être compris.

— Et je ne pourrai pas vous mettre en liberté que le passage de cette lettre ne me soit expliqué.

— Pardieu, fis-je vivement, si c'est là contre moi une charge très-grave en Justice, vous faites fort bien, alors, de me retenir en prison!...

La Justice me regarda.

— Eh! sans doute, ajoutai-je en souriant, car si vous me lâchiez, je vous promets que je constituerais, aussitôt sorti, contre vous, la même charge très-grave en justice! Je vous connais depuis hier, 1er point et circonstance aggravante. Je sais votre nom ; je me procurerais aisément votre adresse, et j'aurais vite écrit à Sanders ou à tout autre : « *Jules Vautier demeure*, etc. » dans une lettre qu'il serait facile de faire tomber entre vos mains. Alors vous seriez obligé d'instruire contre vous-même, de vous incarcérer vous-même, et de vous retenir vous-même en prison, jusqu'à ce que vous ayez pu obtenir, de vous, des explications acceptables en justice, sur le motif que j'aurais eu, moi, de parler de vous dans ma lettre. Qui est-ce qui serait attrapé?

M. Vautier se mit à rire.

— Ne riez pas, lui dis-e, continuant le même jeu, je ferai cela, je vous jure que je le ferai dès que je serai libre.

M. le uge reprit : Cette lettre est une charge très-grave!

Mais il avait beau dire, et prendre l'air d'un juge pour tout de bon, je ne pouvais pas du tout, mais du tout, moi, me donner celui d'un accusé sérieux.

— Voyons! fis-je enfin, pensant qu'il en fallait venir aux grands moyens : Vous avez trop de perspicacité pour n'avoir pas reconnu, clair comme le jour, à la confrontation d'hier, que M. Brunet et moi, nous étions totalement étrangers l'un à l'autre?...

— Je le crois! me dit M. Jules Vautier, sous la pression du point d'interrogation qui terminait ma phrase.

— Vous n'avez aucune raison, aucun indice de police ou autre, aucune information, qui vous induise à soupçonner que j'aie eu, avec lui, aucune relation directe, ou indirecte, ni que j'aie seulement entendu parlé des morceaux de tôle que vous nourrissez là dans la paille?

— Aucun. Nous n'avons *absolument* contre vous que la lettre.

— Vous avez fait faire une visite domiciliaire chez moi. Elle a amené la saisie d'une lettre de Saint-Etienne, que vous avez écartée comme n'ayant pas de rapport avec la question pendante. Sauf cela, la visite n'a rien produit. Je me trompe : M. votre substitut et le commissaire ont dû vous dire qu'ils ont manœuvré sur mes tables des centaines de lettres annonçant des souscriptions pour le Texas, et les résolutions des signataires d'y venir, souvent même avec des familles entières. Ces messieurs ont vu les Statuts de notre Société de colonisation, achevés sur mon pupitre, et que nous devions signer au premier jour.

J'ai d'ailleurs, je me crois le droit de le dire en pareille circonstance, une certaine notoriété. L'affaire qui m'occupe et m'absorbe entièrement depuis mon retour d'Amérique, est connue dans le public. Le ministre de la justice, et la Sureté publique en ont été parfaitement informés. Vous avez ou devez avoir vous-même, monsieur, des renseignements positifs à cet égard, aussi bien que sur mon caractère, et je ne puis pas être tout à fait pour vous le premier-venu.

Maintenant je vous demande si tout cela n'exclut pas, aux yeux du bon sens le plus élémentaire, toute présomption légitime de fabrication d'armes prohibées, de machines incendiaires, de boules infernales et autres choses explosives dans lesquelles vous paraissez vouloir vous obstiner à me fourrer?

Et puis, encore une fois, que diable voulez-vous que je fasse de ces drôleries que vous m'avez exhibées hier? Je ne passe pourtant pas tout à fait pour un imbécile, et vous n'avez pas un droit judiciaire à me réputer tel. Comment voulez-vous me faire prendre ces ustensiles au sérieux? Si la Justice tient à un complot quelconque, la moindre marmite à soupe ferait aussi bien son affaire. Tout bric-à-brac creux peut recevoir de la poudre et doit, dès lors, inspirer des craintes vives à l'ordre public. Tenez, je vous le dis franchement, si je tramais un complot, j'ai l'idée que j'inventerais mieux; et si, d'ailleurs, pour un usage quelconque, pour une expérience de physique, pour un complot si vous voulez, j'avais eu besoin de ces objets, je vous jure que je les eusse commandés, sans mystère, au serrurier de mon quartier, ne soupçonnant pas que la possession d'une telle ferraille fût en aucune façon compromettante.

Voyons, en conscience, en simple bon sens...

— Mon Dieu, M. Considerant, me dit M. Jules Vautier, je suis très-convaincu que vous n'êtes pour rien dans tout cela!

Sur ce mot, si net, je me disposais à remercier mon juge, à prendre mon chapeau, et à aller rejoindre ma femme qui m'attendait à la porte de l'établissement. Par ma foi! il m'a retenu bien longtemps ce mot-là, me disais-je; mais il faut croire que la cuisine des instructions judiciaires exige une exorbitante profusion de toutes les herbes de la Saint-Jean dans ses sauces.

-- Alors, monsieur, fis-je, cette fois-ci, c'est tout à-fait terminé. Je puis me retirer.

— Mais... non... je...

— Comment! vous venez de me dire que vous êtes *convaincu* que je ne suis pour rien dans...

— Sans doute... Certainement.. Je vous dis cela comme homme. Mais, comme magistrat...

— Mais, monsieur, interrompis-je à mon tour, est-ce qu'un homme et un magistrat ne sont pas de la même famille? Est-ce qu'il y a, pour le dernier, dans les règnes de la Nature, une case particulière et séparée, et, en dehors de l'espèce humaine, l'espèce *magistrat?*

— Cette lettre, me repéta M. Vautier est une charge *judiciaire*, une charge très-grave; il y a une instruction *judiciaire*; vous êtes en prévention! vous êtes ici comme prévenu!

Le mot de prévention était lâché pour la première fois, et M. Vautier parlait d'un ton sérieux; mais en vain ramenenait-il coup sur coup *judiciaire* dans la phrase : je ne concevais pas comment *judiciaire* pouvait donner du poids ou du sens à ce qui en était totalement dépourvu.

— Prévenu tant que vous voudrez, dis-je; mais vous êtes juge de l'instruction, juge dans l'instruction, — et j'ai à faire, en vous, à une intelligence et à une conscience!...

Je suis prévenu, c'est très-bien. On m'amène devant vous, vous m'interrogez; je m'explique; vous reconnaissez que je ne suis pour rien du tout dans l'affaire, que le motif unique de mon arrestation n'a, en lui-même, pas le sens commun. Voilà votre jugement rendu!

L'ayant prononcé, vous me mettez naturellement en liberté, si je ne suis retenu pour autre cause.

Votre responsabilité même de JUGE d'instruction vous fait un pouvoir discrétionnaire dans l'instruction, cela me semble clair.

— Mais non, mon pouvoir n'est pas discrétionnaire : il y a contre vous un *réquisitoire!* Il y a cette lettre qui est une pièce *judiciaire!* Je ne peux pas vous lâcher...

— Quoi! mais ne me donniez-vous pas très-clairement à entendre, dès hier soir, que tout serait fini aujourd'hui? Vous vous *sentiez* donc la faculté, le pouvoir de...

— Eh! mon Dieu, s'écria M. Vautier à ma stupéfaction, il en est de vous comme de Vander Elst! Je suis *convaincu* que ce pauvre Vander Elst est aussi étranger que vous à tout cela! Qu'il ne savait pas seulement ce que contenait la caisse qu'on a trouvée chez lui! Qu'elle ne faisait qu'y passer comme commission de complaisance!... Et cependant je le garde en prison...

— Ah! Vander Elst est aussi arrêté? fis-je. Je croyais que vous l'aviez seulement mandé pour des renseignements.

— Non, il est arrêté, ainsi que M. Sanders et M. Fourdrin.

— Comment! Fourdrin aussi?

— Oui.

— Mais tout le monde en est donc!

J'allais d'étonnement fort, en étonnement plus fort. Il est vrai que je ne savais pas alors que Fourdrain avait contre lui une charge *judiciaire* très-grave. J'ai appris, depuis ma sortie des Petits-Carmes, qu'un fils — ou un neveu — de M. Brunet de l'Argentière était en pension chez lui, chez lui Fourdrain! — ceci, Fourdrain en conviendra, est un peu plus compromettant sans doute que d'avoir son adresse dans une lettre écrite par une personne quelconque.

Aussi Vander Elst, pour la caisse d'eau de Cologne, et Fourdrain, pour son jeune pensionnaire, sont-ils en prison à l'heure où j'écris ceci chez moi dans ma robe de chambre. Quant à Sanders, -- qui a pondu les œufs dans ses ateliers au su et vu de tout le monde à Liége, croyant faire une chose toute simple et sans soupçonner ce que la Justice, en les couvant, en ferait éclore, -- il faut croire que son compte sera bon.

Je dois répéter que je n'ai jamais lu une ligne du Code sur les matières d'instruction judiciaire. Ce que j'en sais se réduit aux notions qu'on en prend par ci par là, en entendant dire, en lisant un journal, au théâtre...

Or, je me rappelais très-bien, dans le courant de cette discussion, un mot de je ne sais quelle pièce de Scribe, — *les Diamants de la Couronne*, peut-être —, que l'auteur comique met dans la bouche d'un personnage judiciaire moitié bête, moitié odieux : — à une observation sur une arrestation qu'on vient d'opérer, le magistrat berné en scène répond : « La Justice arrête *d'abord* les gens, quitte à recevoir les explications *plus tard*. »

Ce mot qui ne manque jamais de faire éclater de rire le parterre, avait à mes yeux, l'air d'une charge *par exagération*, décochée contre la Justice. Je tirais donc, de ce souvenir, la conclusion qu'ayant été arrêté *d'abord*, la Justice ayant eu des explications *ensuite* et s'étant déclarée *convaincue* de mon innocence, il n'était pas imaginable qu'elle eût la prétention de dépasser la situation de la scène.

Il est pourtant bien certain que je me trompais. Les huit jours que j'ai passés au secret *après* mes explications, huit jours durant lesquels la Justice n'a plus daigné me demander quoi que ce soit, — et j'ajoute en toute certitude, n'a reçu d'aucune autre part, jusqu'à ma mise en liberté, aucune explication nouvelle en ce qui me concerne; — ces huit jours prouvent péremptoirement que, non pas sur la scène, mais s'il vous plait dans la vie réelle, ce qui est plus grave,

La Justice vous arrête *d'abord*; reçoit vos explications *plus tard*;... et, *ensuite*, les trouvant péremptoires,... vous garde!

C'est édifiant. Qu'on se le dise, et que les intéressés en fassent leur profit. Les intéressés? C'est tout le monde, je pense.

Serait-ce donc là une nécessité de *l'instruction judiciaire?*

Ma raison, à moi, se refusait à croire à un tel outrage fait, par l'esprit de la loi, à la raison universelle, à la moralité et à la conscience humaines! — Si telle eût été la loi, me disais-je, la Belgique qui est un pays d'honnêteté et de bon sens, n'aurait pas attendu ce jour pour casser une telle loi, en jeter au tas les morceaux et en faire une autre.

Je soutenais donc à mon juge cette thèse :

Puisque la Loi, soutenais-je, — en croyant devoir laisser à la Justice, dans l'intérêt social (c'est-à-dire pour la protection de vous, de moi, de tous), un pouvoir aussi exorbitant que celui de faire opérer l'arrestation et la séquestration d'un citoyen quelconque (c'est-à-dire de vous, de moi, de tous), et ce, sur une simple présomption! — puisque la Loi, dis-je, en octroyant ce pouvoir arbitraire énorme à un magistrat, faillible comme toute créature humaine, dispose en même temps que le prévenu doit être interrogé dans les vingt-quatre heures; c'est donc qu'elle *veut*, elle, la Loi, que l'erreur judiciaire qui produit l'incarcération préventive d'un innocent, cesse d'avoir un tel effet, dans le plus court délai possible, dès que la suspicion est reconnue n'être pas légitime! Tel est son esprit, soutenais-je.

Le juge d'instruction n'est pas seulement chargé de trouver, dans l'intérêt de l'accusation, des indices de la culpabilité du prévenu; il est encore chargé, par la Loi, de reconnaître et de faire cesser les conséquences de l'erreur du Parquet, — si erreur il y a.

Il n'agit pas comme un agent plus ou moins servilement dévoué aux présomptions de l'accusation; il agit comme JUGE, dans toute la dignité et la noblesse d'un tel mot, c'est-à-dire, comme un être moral, intelligent et libre, qui *déclare le droit*, et l'ayant déclaré, *le fait exécuter*.

C'est comme cela que je comprends, moi, le *Juge*, et je m'obstinais à démontrer à M. Vautier qu'étant *Juge* d'instruction, il devait être cela.

M. Vautier me soutenait, lui, qu'il n'était pas cela.

Sans me donner aucune raison tirée du mécanisme légal de l'instruction, — j'ai cru, j'en suis fâché, avoir compris pourquoi plus tard, — il se cantonnait exclusivement dans cette formule qui me paraissait singulièrement matérialiste :

« Comme homme, je reconnais votre complète innocence; mais mon pouvoir n'est pas discrétionnaire. Je suis magistrat, il y a une *pièce judiciaire*, cette lettre; et un *réquisitoire*, le voilà. »

Une lettre écrite par un étranger et qu'on reconnait insignifiante à votre égard, parce qu'on l'appelle *pièce judiciaire*, plus six lignes, d'un français douteux, qu'on appelle *réquisitoire*, cela suffit donc pour qu'un JUGE, qui vous croit parfaitement innocent, se voie contraint de transformer, contre vous, le *Mandat d'amener* signé par lui la veille, en un *Mandat de dépôt* qui, cette fois, vous envoie non plus comme la veille, en prolongation d'interrogatoire, mais bien, et dûment..... en prison.

Encore un coup je n'y pouvais et n'y voulais pas croire, et nous discutions toujours.

M. Vautier, faisant cependant un pas en avant, lâcha un mot, qui n'avait pas été prononcé encore :

Vous êtes, me dit-il, engagé dans une instruction *criminelle*.

Au lieu de produire sur moi l'effet d'un argument plus convaincant, ce mot, — nous discutions alors sérieusement, — fut accueilli, de ma part, par une soudaine envie de rire, à laquelle il me fallut bien ouvrir un cours. — Je m'étais cru jusque-là, aux termes du Mandat d'amener, prévenu seulement d'une affaire correctionnelle, — je crois que c'est correctionnel, *fabrication d'armes prohibées?*

Je ris donc à l'apparition subite du mot *criminel*.

— Eh! sans doute, me répondit M. Vautier, déjà déconcerté et avec un embarras très-visible, c'est une affaire de matière criminelle. Voilà le réquisitoire, vous êtes en prévention de *complot*...

— Holà! fis-je, toujours en riant, complot! quel gros mot!

— Oui, de complot contre la sureté de l'Etat.

— Pardon! fis-je, est-ce que le réquisitoire se sert de ces termes-là?

— Oui.

— Alors, dis-je, il y a une erreur. Nous sommes en Belgique.

— Hé bien! oui, sans doute... en Belgique.

— Mais, dis-je avec la meilleure foi du monde, on ne m'accuse pas, j'imagine, de complot contre la sûreté de l'Etat *belge?*

— Mais si... que voulez-vous que... c'est bien d'un complot contre la sûreté de l'Etat *belge* qu'il s'agit.

— Oh! ma foi! alors! dis-je, en faisant un lent salut au réquisitoire qui siégeait sur la table, et d'un ton profondément convaincu : Pour le coup, Monsieur, vous conviendrez que c'est stupide et bête à couper au couteau. Si c'était contre un *autre* Etat, encore passe que l'idée en vienne! mais contre l'Etat belge! contre la Belgique! moi? oh! ça par exemple, c'est bête!

Cette réponse, que je m'entends encore articuler, et que je reproduis, à très peu près, mot pour mot, n'était pas, je le sentais bien en la laissant aller, très-parlementaire. Mais j'étais parfaitement assuré qu'elle avait ses coudées franches et pouvait prendre ses aises, sans que mon interlocuteur s'en fâchât le moins du monde. Il était, en effet, très-visible à sa contenance, que cette réponse correspondait exactement à sa propre opinion : — je dis son opinion *d'homme* et non de *magistrat*, — et traduisait sa pensée en termes assez naturels dans ma position, mais que, dans la sienne, j'admettais bien qu'il n'eût guère pu se permettre.

M. Vautier était, soit dit à l'honneur de son bon sens et de son peu de disposition *native* à la dissimulation, très-mal, mais très-visiblement très-mal en selle, sur la monture grotesque où le réquisitoire l'avait enfourché.

Et, ma foi! lecteur, à moins que vous ne soyez d'une force rare, par tempérament, ou que vous ne possédiez un acquis considérable, vous n'y eussiez pas fait non plus, convenez-en, trop bonne figure! Si l'on vous promenait dans les rues de Bruxelles sur un âne, dam! vous ne seriez pas à votre aise. M. Vautier n'était pas dans la rue, devant le public, c'est vrai; mais il était dans son cabinet de juge et en face d'un homme intelligent ou, au moins, d'une créature raisonnable : c'était déjà bien quelque chose.

Il n'y a pas jusqu'au pauvre commis-greffier qui, me parut-il du moins, semblait mal à l'aise et tout honteux de ce curieux réquisitoire, quoique, Dieu merci, n'en ayant point charge.

Seul, en somme, de nous trois, moi le prisonnier de la Justice, je jouissais, en face de son réquisitoire, du droit imprescriptible que la Nature a donné aux épaules de l'homme, qui n'est pas fonctionnaire public, de se hausser d'elles-mêmes devant les bêtises Et, ma foi! ce droit-là, je l'exerçais! et je l'exerçais, et j'en usais... et j'en usais encore. Il est vrai qu'il ne m'en restait plus guère d'autre.

Cette dernière affaire était le bouquet. Je sentis qu'il était impossible, même à un Maître, d'aller au-delà. M. Vautier ayant épuisé le programme dont il avait accepté l'exécution de l'auteur ou des auteurs du réquisitoire, sentit le besoin de clore enfin notre interrog...atoire....

(Pour mettre en vers ceci, cette rime est notoire).

Il reprit donc le ton officiel qui revenait dans les moments oblig...atoires. (Nous ne sortirons pas de tous ces mots en oires!)... et fit dicter, en ma présence, et le fit même assez solennellement, quelque chose comme ceci :

« Nous avons fait observer au prévenu, que le passage de la lettre dont nous lui avons donné communication, constitue contre lui une charge très-grave, dans la prévention de complot qui pèse sur lui.

« Le prévenu répond : je n'admets pas que je puisse être sérieusement chargé par un passage d'une lettre écrite par une personne que je ne connais ni d'Eve ni d'Adam, et je déclare ne faire partie, ni directement, ni indirectement, d'aucun complot contre la sûreté de l'État belge ou de tout autre. » — Et l'on me fit signer.

Nous causâmes encore, après cela, du ton qu'on appelle *de bonne amitié*. M. Vautier me renouvela deux ou trois fois, de la façon la plus positive, sa conviction absolue, comme homme, que j'étais totalement étranger à cette sotte affaire.

Je lui dis, de mon côté, qu'après avoir répondu à son interrogatoire de magistrat, je lui donnais librement, loyalement, et quoique ce fût presque lui faire injure, ma parole d'honneur, que je ne connaissais pas même de nom M. Brunet d'Argentière avant d'être entré dans le cabinet de l'instruction.

Je discutai encore son devoir de juge; et, de guerre lasse, d'un ton presque déjà affectueux (car il y a en M. Vautier des manifestations d'un fonds de *bonté native opprimée*, qui me le rendaient, comme homme, très-sympathique..... quoique je donnasse le magistrat à tous les diables) :

— Allons! lui dis-je, je vois que je n'y puis rien. Les gendarmes sont à vos ordres. Vous êtes la Force, bien que vous vous appeliez la Justice, et je suis entre vos mains... « Faites-moi reconduire aux carrières. »

Ce souvenir classique et le ton dont il était accompagné, furent remerciés d'un regard d'homme, et d'homme bien né.

Une idée me vint. — Hé bien! lui dis-je, je suis votre prisonnier, c'est convenu; mais vous pourriez me laisser en liberté *sur parole?* Vous savez aussi bien que moi que je ne m'envolerai pas. J'ai des affaires dont vous connaissez l'importance et l'urgence. Il y a ensuite une considération particulière : je tiendrais beaucoup à ne pas embarquer ma femme et sa mère, pour la traversée de l'Atlantique, dans une saison avancée et de mauvaise mer. La mer ne m'incommode pas; ça m'est égal qu'elle remue, et je me plais même à la voir s'enrager contre un bon bâtiment qui se moque d'elle. Mais ces dames auront fort à souffrir, si le voyage est retardé. Voyons! sur parole, — je ne manque pas à la mienne et vous me savez sans intérêt à y manquer, — ne pouvez-vous me laisser aller à mes affaires? Eh bon Dieu, il y a deux ans, quand je n'avais qu'à prendre des truites dans l'Ardenne, je ne vous eusse pas tant tourmenté pour quelques jours de prison, qui vous eussent fait plaisir.

— Il ne me répondit pas; mais, après quelque hésitation, sa contenance et son regard refusèrent décidément. — Il réfléchit que ça le compromettrait peut-être avec les hauteurs où le réquisitoire a pris sa source, pensai-je. C'est une faiblesse; mais il a, bien certainement, besoin de sa place pour vivre; peut-être a-t-il une famille à nourrir, des enfants à élever... — Je fus, sous cette impression, à cent lieues d'insister. A ce moment-là il eût accordé, que j'eusse très-probablement refusé; — ce qui eût été, du reste, dans nos positions respectives, une faiblesse de premier mouvement, une franche sottise ; car,

Comme l'a dit — ou dû dire — quelque poëte,
Il est bon d'être bon, mais non pas d'être bête.

Cependant, pensai-je, il y a encore un terme, admis en Justice, et qui, dès-lors, ne serait pas compromettant : j'ai entendu dire souvent : M. un tel a été mis en liberté sous caution. On sort donc *sous caution*.

— Mais vous pouvez me mettre en liberté sous caution? dis-je.

— Oh! mon Dieu, ce n'est pas la peine. Il vous faudrait bien deux jours pour avoir une réponse de la chambre des mises en accusation (ou du conseil... je ne sais — c'était la première fois que M. Vautier parlait de cela), et dans *deux ou trois jours*, vous serez libre. Je vais faire toute diligence : dès que ces messieurs de Liége seront arrivés, ce sera fini en ce qui vous concerne. En somme, je ne vous conseille pas de faire cette demande.

Quelques minutes auparavant j'avais dit moi-même à M. Vautier que, pour en finir *judiciairement*, — le bon sens et la conscience ne suffisant pas, — je demandais la confrontation la plus prompte. Conduisez-moi à Liége, ou amenez ici ces messieurs de Liége, lui avais-je dit. C'est un voyage de 3 heures. On peut faire cela tout de suite.

Et il m'avait assuré qu'on allait, immédiatement, faire venir ces messieurs, ou me conduire à Liége.

(Ici, ami lecteur, pour vous édifier sur la rapidité de la Justice ; sur sa fidélité à remplir ses engagements envers un détenu, réputé, et qui plus est, reconnu innocent ; et enfin, sur la gentillesse de ses procédés avec ses clients en général, veuillez, avant de continuer la lecture, accorder un regard à la DÉCLARATION DE M. SANDERS, que vous trouverez, à la fin du présent Mémoire justificatif. — Dans cette parenthèse-ci je n'accuse pas M. Vautier tout seul ; mais il a sa part à s'y faire ; et elle est encore assez belle).

— Ne puis-je au moins communiquer avec ma femme, avec mes amis? Si j'avais cette faculté, je pourrais du moins travailler un peu à mes affaires, en prison.

— Dans votre intérêt et pour être plus tôt dehors, je ne vous le conseille pas, me répondit M. Vautier, d'un ton sincère.

— Allons! fis-je, je me laisse guider par vous sans résistance; j'ai épuisé toutes mes ressources, je l'avoue; et, après tout, vous devez savoir mieux que moi ce que je dois faire pour me tirer de vos mains.

—Croyez bien, me dit-il avec le meilleur regard, que je n'y mets pas de mauvaise volonté. Je suis très-peiné d'être obligé de vous retenir.

— Je le crois, fis-je, et vous avoue même que je préfère encore ma position à la vôtre. La nécessité que vous vous croyez imposée doit être cruelle.

Et nous nous quittâmes en aussi bons termes que la veille.

L'huissier, qui me servait de bonne, du Palais de Justice aux Petits-Carmes, vint me reprendre ; et l'on me griffonna une copie de Mandat de dépôt, articulant nettement, cette fois, la prévention de *complot contre la sûreté de l'Etat* (belge), plus, celle de *fabrication d'armes prohibées*, requérant d'ailleurs tous agents de la force publique de saisir, conduire en prison..., écrouer... prêter main forte..., etc.—J'ai, par là, ces deux autographes de dame Justice, — le tout, **au nom du Roi des Belges**, en grosses lettres noires, surmonté d'une belle petite image représentant un Lion assis sur son train de derrière et ayant l'air d'attraper des mouches au vol, avec sa patte droite. — Ça ne fait rien, me disais-je, en pliant le poulet, si j'étais roi de quoi que ce fût, je n'aimerais pas tant que mon nom figurât, comme cela, en tête de toutes ces machines… mais, c'est peut-être aussi une nécessité de position.

J'aperçus ma femme et Cantagrel allant chez M. le juge d'instruction, qui les reçut, cette fois comme toutes les suivantes du reste, avec un ton parfait, une politesse exquise et une véritable déférence.—Il aurait pu se céler et les faire éconduire, — il reçut toujours; et sans jamais, quand cela dépendait de lui, faire attendre une seconde.

En retournant chez moi… je veux dire chez le gouvernement, au pas lent de la charrette; et pendant qu'une troupe de gamins, sortant de l'Ecole et marchant à reculons en avant, se montraient, non sans un étonnement qui me flattait, ma figure collée contre les barreaux de fer de ma cage, je reprenais la pensée avec laquelle j'avais dit à revoir à mon juge.

Et à mesure que j'y réfléchissais, je me sentais pris, pour sa position, d'une pitié croissante.—Ceux qui ne sont pas phalanstériens comprendront peut-être ceci difficilement; cependant c'était ainsi.

J'avais reconnu en lui, — et elle y est, — une nature affectueuse et douce; faible c'était clair, mais bienveillante et bonne. Il m'avait inspiré une sympathie réelle. Ce sera une connaissance dans quelques jours, me disais-je; peut-être un ami avant mon départ. En outre il a l'air intelligent. Il comprendra nos idées par la tête et par le cœur. Nous en ferons un phalanstérien.—Ce qu'il fait là ne lui va en aucune sorte.—Qui sait! peut-être viendra-t-il, un peu plus tard, nous rejoindre au Texas. (Je ne savais nullement alors que M. Vautier eût déjà été socialiste et fût un ancien Saint-Simonien; avant l'aventure, le nom de mon juge m'était aussi inconnu que celui de mon complice, M. Brunet de l'Argentière.)

Et puis, — il faut bien faire ici une confession qui ouvre, je le sais, une interprétation peu favorable. Dût-on y flairer l'instinct naturel d'un scissionnaire, je confesse donc avoir eu, ma vie entière, une répugnance invincible pour tout ce qui tient à l'appareil de la Justice, et plus spécialement pour les Parquets, les cabinets d'instruction et tous les engins particuliers à l'accusation publique, dans la grande machine répressive.—Cette machine est essentielle, salutaire, nécessaire. Je sais parfaitement ce que l'on peut dire et n'y veux rien contester, ici du moins. Mais on ne se fait pas. Je trouve qu'il sent mauvais dans les cours et tribunaux; je trouve l'intérieur des palais de Justice, sombre, froid, visqueux; je ne visite jamais ces monuments, non plus que les prisons, dans les villes, où je vais voir les musées, les jardins publics et les belles églises. Je ne savais pas même, habitant Bruxelles, où étaient les Petits-Carmes quand on m'y a mené! Ajoutez que je trouve le style du palais, des procédures, des pièces judiciaires, de tout… barbare et détestable, et n'y ai jamais rien pu comprendre.

Ce sont des impressions innées, probablement; car je les aperçois, aussi loin que je remonte dans mes souvenirs d'enfance. — Et cependant mes parents n'étaient point des repris de justice; expliquez cela si vous pouvez!

J'avais donc su beaucoup de gré, du premier coup, à mon juge, de ne m'être point apparu avec cette figure sèche, rébarbative, posée au-dessus d'une haute cravate blanche en carcan, et immobile entre deux grands cols de chemise très-roides, que, malgré moi et malgré cent expériences contraires, mes préjugés prêtent toujours à la magistrature debout (je crois que c'est le terme) ou à ses accessoires, surtout dans l'exercice de leurs fonctions.

Ce complet démenti donné à ce type imaginaire — et faux, — par la figure de M. Vautier, fut l'origine du mouvement qui me porta vers lui, — comme homme, — et que ses excellentes manières rendirent presque entraînant au bout de la seconde séance.

Je me disais donc, dans la charrette : Oui ! ce doit être là une position bien pénible. Moi, ici, après tout, jai lé cœur léger ; je me suis même un peu amusé dans l'aventure. Il est vrai que cela me prend, mon temps et me contrarie fort. Mais lui, quelle situation ! obligé d'ordonner qu'on fasse monter, ici dedans, pour le mener en prison, un homme qu'il estime et qu'il sait victime de la plus sotte erreur judiciaire qui se puisse imaginer, et aussi parfaitement étranger que lui-même à ce complot dont les espèces et apparences sont, d'ailleurs, si carnavalesques ! Cela doit être dur pour un homme d'intelligence et de cœur...

Quoi ! il est JUGE ! — Je revenais invinciblement et toujours à ce mot qui, malgré mes plaisanteries sur dame Justice, revêt dans ma pensée, comme en toute intelligence un peu élevée, un caractère sacré, exprime la CONSCIENCE HUMAINE FAITE ACTIVITÉ ET PUISSANCE pour donner force à la Vérité, à la Justice, au Droit dans la vie sociale, et rayonne d'une Majesté morale, souveraine. — Il est JUGE, disais-je. Il me déclare son jugement, l'arrêt de non-participation à son complot, que lui dicte sa CONSCIENCE dans son âme ; et c'est cependant sur son ordre, par l'ordre qu'il signe, que je vais en prison ; pourquoi ? Parce qu'il y a, sur sa table, un morceau de papier, qui ne signifie rien en lui-même, c'est l'opinion de l'homme ; mais qui est appelé *judiciaire !* C'est donc ici le corps, et quel corps ? qui commande à l'âme. Et puis il hésite, il paraît sentir une responsabilité grave, et un instant après, il dit qu'il ne peut pas hésiter, qu'il est contraint et forcé ! Qu'est-ce que c'est donc que cette machine qu'ils appellent l'*instruction judiciaire ?*

Il y a quelque chose qui me contrarie, c'est de retourner en prison ; mais il y a quelque chose qui révolte ma conscience et bouleverse ma raison, c'est d'y aller par la signature d'un *juge* qui m'a *jugé* étranger aux raisons sur lesquelles la *justice* se fonde pour m'y envoyer !

Ah ! oui ! ce doit être dur pour une *conscience*. Ma foi, non ! Je ne voudrais pas lui donner ma place dans ma charrette, pour prendre la sienne dans son cabinet. Il faut être contraint par de bien lourdes nécessités pour accepter des fonctions d'un tel ordre (je ne savais pas du tout que M. Vautier eût 50 mille livres de rente), autant du moins que je suis capable de comprendre quelque chose à ces fonctions singulières. C'est bien lui, plutôt que mes gendarmes de tout-à-l'heure, qui aurait le droit de s'écrier, — en de meilleurs termes, — quel chien de métier ! Pour moi, du diable si je n'aimerais mieux cent fois vendre des pierres à aiguiser, sur le pont du bas de la ville, ou des caracoles et des œufs durs dans les estaminets.... Il est vrai que je n'ai pas étudié le droit et me trompe peut-être... Cependant, pourquoi ne sens-je rien à dire contre *l'état de l'âme* du guichetier qui me débarrassait hier de mon couteau ? Celui-là, à la bonne heure ! il comprenait clairement son *irresponsabilité ;* et, la preuve, c'est qu'il la manifestait spontanément, en me fouillant, par ces mots qui sauvaient sa dignité morale : Excusez, monsieur ; c'est la règle : *nous ne sommes, nous autres, que des machines.*

Allons ! Je me ferai résoudre ce problème de leur organisation judiciaire par un docteur en droit quand je serai dehors...

Je fus tiré de ce monologue par la voix de l'automédon de la cour d'assises, qui me dit d'un ton prévenant et bon, en arrêtant ses chevaux et ouvrant la portière : Monsieur, si vous voulez descendre, nous voici arrivés.

Je fus un moment à croire presque que j'avais un équipage à moi, et *sujet*, comme on dit en Belgique. -- Et je rentrai en prison.

VII

Arrivé ici, lecteur, vous savez à peu près toute mon aventure judiciaire. J'espère qu'elle vous aura intéressé. Vous aurez parfaitement compris, en effet, qu'elle peut être demain -- ou après -- la vôtre.

Elle sera complétée quand je vous aurai rappelé que la Justice me tint huit jours et sept nuits, à partir de ma seconde réintégration dans son établissement des Petits-Carmes, au *secret*; et que, — sans avoir eu à me faire et sans m'avoir adressé aucune question nouvelle, — un beau soir, à 4 heures, elle voulut bien venir elle-même me déclarer que je pouvais m'en aller.

En somme, je sais fort bien pourquoi j'ai été arrêté; on me l'a dit dès le second jour : « Rien, ABSOLUMENT RIEN sur vous ou contre vous, que *les trois lignes* de la lettre où vous êtes nommé. »

Ce témoignage, rendu par l'Instruction, ne peut être suspecté, — n'étant pas de ceux que l'on aurait intérêt à imaginer et affirmer à un prévenu, en vue *de le faire parler*, — je crois que c'est le terme technique. — Il est donc acquis.

Voilà le seul et unique motif de l'Arrestation.

Je me trompe : on m'a révélé encore, mais timidement, soyons juste, cette seconde et dernière charge :

« M. Vander Elst (de la parfaite innocence duquel on m'avait dès le premier jour spontanément déclaré être convaincu) et MM. Sanders et Fourdrin *étaient de vos amis*. » (J'espère bien qu'ils en sont encore!)

C'est en m'annonçant ma mise en liberté, et en cherchant à se justifier d'une arrestation que je témoignais à la Justice, — d'une façon naturellement vive, — avoir trouvée un peu trop prolongée, que l'on m'a fait connaître cette dernière charge. — J'ai demandé à la Justice depuis quand des amis étaient des crimes? — On ne m'a rien répondu.

En somme, je le répète, nous savons nettement, vous et moi, pourquoi j'ai été mis en prison : « Les trois lignes de la lettre qui donnent mon adresse, et mes trois amis. » — Voilà les charges, au grand complet, d'après le bilan même de l'Arrestation, de la Prévention, de l'Instruction et de la Détention.

Mais vous ne savez pas encore pourquoi j'ai été relâché au bout de neuf jours? -- Ma foi!... ni moi non plus.

Il est clair, — peut-être me trompé-je, — qu'on aurait eu tout autant de raisons — et de raison --, de me tenir neuf semaines, voire même neuf mois, que neuf jours.

Et comme on en avait le *pouvoir*, — on me permettra de ne pas employer ici le mot *droit*; c'est une affaire de style qui concerne exclusivement la rédaction, — comme, dis-je, on en avait le pouvoir et qu'on n'en a pas usé, il se pourrait bien que je dusse de la reconnaissance à l'Arrestation, et que, n'en éprouvant pas du tout, je fisse preuve d'ingratitude.

> Et chacun sait « que même aux yeux du diable,
> L'ingratitude est un crime effroyable. »

Toutefois, si l'on veut bien considérer :

1° Que huit ou neuf jours d'emprisonnement préventif suffisent, à la rigueur, pour faire dire aux gens : « On n'aurait pas tenu M. un Tel en prison ce temps-là, s'il n'y avait pas eu quelque chose! » opinion qui suffit, à son tour, pour couvrir la responsabilité d'une arrestation légère;

2° Que, dans mon cas, il est permis de dire que l'arrestation était un peu légère;

3° Qu'en conséquence, — et bien entendu, sans vouloir dire que cette durée de neuf jours ait été exactement et délibérément calculée en vue d'obtenir l'effet indiqué au premier paragraphe, ce qui serait une supposition trop peu charitable,—je me trouve, cependant et *de fait*, avoir suffisamment couvert mon arrestation, au profit des auteurs, par mes neuf jours;

4° Qu'il y à donc eu bénéfices réciproques dans l'affaire;

5° Que lesdits bénéfices, en y mettant un peu d'indulgence, peuvent être considérés comme se compensant mutuellement;

Si l'on balance bien tout cela, on consentira,—c'est mon espoir devant le tribunal où je comparais aujourd'hui,—à me renvoyer dos à dos, avec mon Arrestation, et à m'absoudre du péché d'ingratitude à son égard.

Mais j'allais oublier le plus important de toute l'histoire, surtout pour mes aimables lectrices, si j'en ai :—je veux dire, notez, si j'ai des lectrices, et nullement mettre en doute, au cas où j'en aurais, qu'elles fussent aimables.

Les femmes sont aussi mes juges au tribunal où je plaide ma réhabilitation, et je serais désolé qu'elles se méprissent sur le sens de mes paroles : d'autant que—j'en puis convenir sans danger désormais, je l'espère,—j'aime beaucoup mieux avoir à me défendre, devant elles aujourd'hui, que d'avoir dû le faire, après quelques mois de prison, devant la cour d'assises de Bruxelles, — quelque confiance que celle-ci m'eût inspirée d'ailleurs.

Je pense donc que mes lectrices, si elles ont eu le courage de suivre ce plaidoyer à travers ces récits de prison et d'interrogatoires, ont déjà dû s'impatienter plus d'une fois en disant : Ce monsieur s'occupe d'établir son innocence, c'est son droit sans doute. Mais pourquoi donc, puisqu'il parle de tout, épluche tout, ne nous apprend-il pas ce que nous aurions grande envie de connaître? eh! oui, la chose capitale, l'objet dont M. Sanders avait à lui parler et dont il est question dans le passage de la lettre de M. Brunet... Est-ce un secret? nous voudrions bien le savoir...

J'admets, Mesdames, la parfaite légitimité de la réclamation; mais mon excuse sera que je viens seulement de l'apprendre moi-même : le voici donc, ce grand secret, puisqu'il faut tout vous dire :

Sanders finissait un fusil de chasse qu'il destinait, paraît-il, à mon frère, et, désirant avoir mon avis sur le *genre de gravure* à y mettre, avait donné là-dessus, à M. Brunet qui venait à Bruxelles, quelques explications, priant celui-ci de vouloir bien me les transmettre et me demander réponse.

Voilà le mot de l'énigme!

Si je l'avais su plus tôt, je vous l'aurais dit. Mais l'Instruction, qui a dû le savoir, pour peu qu'elle y ait tenu, de M. Brunet, tout de suite, et qui m'a gardé neuf jours en cellule, uniquement pour me le donner à deviner, ne pouvait naturellement pas me le dire tant que j'étais sur sa sellette.—Seulement, lorsque, me reconnaissant enfin incapable de deviner, elle a renoncé à prolonger *la pénitence*, il me semble qu'elle aurait pu, sans se compromettre, me donner au moins avant de me quitter, la satisfaction de me l'apprendre ; — c'est, je crois, la règle ordinaire en pareil cas dans les *jeux innocents*.

Il a fallu que le secret,—ici je veux dire l'isolement—de Sanders fût levé, — ce qui vient d'avoir lieu, — pour que je susse ce mot important, dont, vous le voyez, je m'empresse de vous faire part.

Mais maintenant, moi, à mon tour, je voudrais, pourtant savoir à qui m'en prendre de ces neuf jours que j'ai encore sur le cœur?

Je ne peux pas m'en prendre à la Justice. Elle est imprenable de par la loi : — outre que, pour la prendre, il faudrait s'adresser à elle-même.

Alors, est-ce à mon frère, parce qu'il a eu fantaisie d'un fusil de Liége, en passant l'automne dernier dans cette ville?

Est-ce à Sanders, pour avoir voulu me consulter sur les ornements à mettre sur ce fusil, et avoir eu, par paresse, au lieu de m'en écrire, l'idée de charger M. d'Argentière, qui partait pour Bruxelles, de prendre la peine de m'en faire la commission?

Ou à M. d'Argentière, pour s'être contenté de s'informer de mon adresse et de la donner à Sanders, supposant que celui-ci ne la savait pas, et que lui, d'Argentière, avait fait dès lors le plus important de l'affaire?

Ou enfin à moi-même, pour n'avoir pas su deviner le mot de la charade, quoique la Justice m'eût accordé un temps très-raisonnable et soigneusement préservé, pendant toute la durée, de toute distraction venant du dehors?

Je n'ai pas encore résolu cette question; et, si je n'étais un peu en délicatesse avec la Justice, je réclamerais bien là-dessus son opinion à elle-même. — Son opinion a beaucoup de poids à mes yeux.

Toutefois, ceci, à bien dire, ne regarde que moi. Quant à vous, lecteur, vous savez maintenant, — et c'est le profit personnel que j'ai osé vous promettre de cette lecture, — vous savez, dis-je, une chose dont vous ne vous doutiez guère, mais qui pourtant vous intéresse; c'est que :

Si vous aimiez à vous lever, le matin, sans la perspective et la chance de coucher en prison, le soir, VOUS DEVEZ VOUS HATER DE CACHER SOIGNEUSEMENT, A TOUT LE MONDE, VOTRE NOM ET VOTRE ADRESSE.

Agissez donc en conséquence; et, en cas de nécessité majeure, ne confiez l'un et l'autre que sous le sceau du secret, et à des personnes sûres.

Telle est, pour la gouverne particulière d'un chacun, la *morale pratique* de cette histoire. — Vous l'avez apprise sur mon dos... pour vous, c'est toujours plus agréable.

ÉPILOGUE.

I

Il ne me reste plus que quelques petites choses à dire : mais d'abord, acquittons-nous d'un devoir de stricte justice.

J'ai dit, au début, que je m'étais promis de passer aussi, en sortant de chez M. le juge d'instruction, chez M. Verheyen, administrateur de la Sûreté publique.

Les armes prohibées, les complots, etc, sont essentiellement du ressort de la Police. Il fallait bien penser qu'elle devait être pour quelque chose dans mes malheurs.

Une de mes premières visites, sorti de prison, fut donc pour M. Verheyen.

— M. l'Administrateur en chef? dis-je, à l'huissier.

— Il n'y est pas, Monsieur.

— Quand rentrera-t-il?

— Oh ! il est en congé pour un mois.

— Tiens! fis-je en moi-même, voilà qui est étonnant, par exemple! La Belgique est sur un volcan! on marche sur des machines infernales! Il y a des complots contre la sûreté de l'Etat! la vie du roi est menacée, que sais-je? Et la police, instituée pour mettre bon ordre à tout cela, est en villégiature! — La Sûreté publique ne serait donc pas pour grand'chose dans l'épopée. Son absence même a l'air de dire, on pourrait le croire du moins : ma foi, je m'en lave les mains! tirez-vous-en; ce n'est pas mon affaire. — Ces réflexions m'étaient permises. Je me hâte d'ajouter que je ne les ai pas communiquées au vieil huissier; — si je les rapporte, c'est sans conséquence, et seulement comme historien fidèle.

Je trouvai pourtant bientôt quelqu'un à qui parler, une personne qui devait être au courant.

— Enchanté de vous rencontrer, fis-je, je venais faire mes remercîments à M. Verhéyen...

— On vous a joué là un bien vilain tour, M. Considerant! me disait, en même temps, mon vis-à-vis. — Nous avions chanté en chœur.

— J'avais donc raison en me refusant à croire que la Sûreté publique fût pour quelque chose dans mon...

— Nous? pour quelque chose? ah! par exemple! si loin de là que M. Verhéyen n'eût pas plutôt appris qu'on vous y mettait, qu'il courut au Parquet pour dire à ces messieurs qu'en vous y fourrant ils faisaient une...

Je ne me rappelle plus le mot *administratif* dont se servit mon interlocuteur; le lecteur peut aisément achever la phrase.

Ainsi, me disais-je, en descendant l'escalier, ces pauvres gens du Parquet n'auront pas même, dans cette équipée, la ressource d'en laisser mettre, par le public, l'initiative sur le dos de la police! — car enfin, je serai obligé de faire encore cette révélation-ci. C'est un devoir. — Je les plains considérablement.

Ce serait donc, ajoutais-je, comme je l'avais jugé dans mes loisirs de prison, M. le procureur du roi qui, ne pouvant se consoler d'avoir été remercié à l'administration de la Sûreté publique, s'avise de faire de la police en amateur, par passe-temps, délassement ou habitude invétérée... ou peut-être pour donner des leçons ici, en découvrant, avec ses seules ressources, des complots que son successeur, armé de toutes les forces de l'administration, aurait laissé passer sans y rien voir? — Pardieu, si c'est cela, elle est bonne, la leçon!... — Mais, chut! ne parlons pas politique. Je ne suis pas d'ici.

— M. le ministre? demandai-je à quelqu'un, dans la cour.

— Il est à la campagne, monsieur, depuis assez longtemps.

Et le ministre aussi! pensai-je; tant mieux pour lui!

Le soir, il me revint, de plusieurs côtés et par dix personnes, que le ministre de la Justice était à Angleur quand y tomba la nouvelle de la découverte du grand complot, des arrestations qui l'avaient suivie... et qu'à toutes les questions qui lui étaient faites par les curieux et les effrayés, il répondait avec un grand calme : ma foi! je n'en sais pas plus que vous; c'est l'affaire du procureur général.

Ceci, je l'ai entendu dire; mais n'ayant jamais eu l'honneur d'approcher M. le ministre, — surtout dans ce moment-là, et pour cause, — je ne donne le propos que comme un simple bruit.

AVIS AU LECTEUR.

Je ferais aisément un volume, — peu amusant pour le public, je n'en veux douter, — de mes impressions de voyage..... dans ma cellule

— j'y voyageais du matin jusqu'au soir. — La cellule et le *secret* sont des stimulants puissants de la pensée : c'est maintenant démontré pour moi. Mais qu'on se rassure : je n'ai ni le temps de me lancer dans un aussi long monologue, ni la moindre envie d'y enfiler le lecteur.

Toutefois, — et ceci, à l'adresse exclusivement du moraliste, et aussi des législateurs-philosophes, *rari nantes*, — il est un fait, d'une certaine valeur, me semble-t-il, auquel je voudrais au moins toucher avant de déposer la plume. — Tout lecteur que les dispositions naturelles de son esprit, sa profession ou ses études ne portent point vers les matières psychologiques, est dûment prévenu qu'il peut, sans nul inconvénient, passer ce chapitre. Je l'y engage même beaucoup, dans mon propre intérêt, convaincu qu'il le trouverait certainement long, prétentieux, abstrus, saugrenu et surtout ennuyeux.)

II

C'est une opinion, peut-être accréditée par les *Mémoires* de Sylvio Pellico, que la prison adoucit les âmes et les porte vers un certain état de calme et de résignation, qui les épure et les confit en toutes sortes de miséricordes.

Je crois qu'il ne faudrait pas trop généraliser l'exemple de Sylvio. J'ignore encore l'effet d'une prison longtemps prolongée, — et n'ai, à vrai dire, aucune envie de faire l'expérience; — mais j'affirme que, au commencement du moins, et par ce que j'ai observé sur moi-même, ce n'est pas cet effet-là que l'on éprouve, — au contraire.

Tel est le point que, pour les moralistes spéculatifs, comme je viens de le dire, les juristes qui s'occupent de raffiner les Codes, et les réformateurs du régime des prisons, je demande la permission d'élucider par mon exemple. — Je dédie volontiers ce chapitre tout philosophique à mon ami Lelièvre, que j'ai entendu dix fois, à Namur, tonner éloquemment contre *l'arrestation préventive*, et aussi à Ducpétiaux, qui ne s'était pas douté, j'en suis sûr, en perfectionnant et embellissant les Petits-Carmes, qu'il travaillait à l'amélioration du domicile, même momentané, d'un de ses vieux amis.

On a vu, tout à l'heure, sous quelles impressions, gaies à mon endroit et sympathiques à celui de la personne de mon juge d'instruction, j'étais entré, pour la seconde fois, dans ma cellule. — C'était le samedi soir.

Eh bien ! dès le lendemain matin il y avait déjà un changement marqué dans mon état psychologique.

Je dormis très-bien. Je lus le matin, dans mon lit, les *Belges aux croisades*, et, conséquemment, arrivai, sans avoir trop pensé, à 10 heures environ.

A ce moment-là, cependant, je me promenais dans mon appartement : et, l'influence cellulaire commençant à agir, je réfléchissais. — Ne pas oublier, pourtant, que j'avais emménagé l'avant-veille au soir.

Peu à peu, je me sentis un peu vexé contre mes gros murs. Je ne les trouvais pas assez distants. Ils me forçaient, après cinq pas, à me retourner pour en refaire cinq dans le sens contraire, et rencontrer de nouveau le mur, et toujours ainsi, sans pouvoir introduire la moindre variété, grâce à l'exiguïté de la résidence. C'est le mouvement d'un ours, d'un loup, ou d'un lion dans sa cage : — chacun a vu cela.

Est-ce l'analogie de situation? est-ce la vue des barreaux de l'étroite fenêtre? les murs voûtés? la privation de l'aspect du ciel?... je n'en sais rien ; mais je me sentais tourner à l'aigre.

Nous logeons tous, dans cette boîte qu'on appelle le crâne, entre le frontal et l'occiput, une chambrée de Personnages dont les phrénologues s'occupent d'assigner les places, et auxquels ils ont donné même des noms quelque peu barbares.

Ces personnages sont assez actifs et babillards, de leur nature, et se plaisent à causer ensemble. Ils vivent, d'ailleurs, dans une grande familiarité, se brouillent, se raccommodent, se querellent à nouveau, et sont toujours en affaires. Tantôt ils causent à l'aventure; tantôt, et toujours dans les circonstances un peu sérieuses, ils se constituent en Assemblée délibérante, à l'instar d'une chambre de Représentants. Ils constituent d'ailleurs, — ensemble avec leur propriétaire, — un gouvernement constitutionnel au grand complet.

Bien qu'ils soient nos maîtres et que nous ne fassions que ce qu'ils décident, nous prenons rarement la peine d'entendre tous leurs discours. Nous nous contentons, dans la vie ordinaire, d'obéir aux décrets qu'ils rendent.

En prison, au secret, c'est autre chose! N'ayant personne avec qui causer, vous vous mettez à les écouter: et, comme tous les parleurs et les orateurs, les hôtes de votre boite osseuse s'animent et s'échauffent en voyant qu'on les observe.

Ce jour-là, le lendemain du second interrogatoire, à 10 heures du matin environ, je faisais mes cinq pas en avant et autant en arrière, avec plus d'action déjà que je n'en mets à cet exercice quand je le prends chez moi, dans ma propre chambre.

Un silence absolu régnait dans l'établissement, d'ordinaire toujours bruyant pendant la journée. On eût entendu voler une mouche; malheureusement — et je ne me serais jamais douté qu'on pût le regretter, — il n'y en avait pas une, pour faire un seul petit point noir sur mes murs — d'une trop *entière blancheur*, comme dit Castilblaze.

Bien qu'il m'influençât peut-être un peu, je ne prenais pas garde à ce silence; preuve que j'étais déjà plus occupé d'écouter ce qui se disait en dedans, que de songer aux choses du dehors.

L'Impatience (il faut bien que j'appelle mes Personnages par les noms qu'ils se donnent entre eux) avait la parole.

— Quand cela finira-t-il? disait-elle d'un ton assez brusque.

— Quand ça leur plaira, dit l'Ironie d'un ton vexé.

— C'est que nous avons autre chose à faire qu'à rester ici pour leur agrément, s'écrièrent cinq ou six Voix sérieuses et d'un ton courroucé.

— Oh! dit la Confiance, il n'y en a pas pour plus de deux jours, bien sûr!

— Deux jours! plus un jour et demi de perdus déjà! comptez-vous cela pour rien? firent d'un ton plus raide les Voies sérieuses.

— Encore s'il y avait le moindre motif d'excuse, dit la Raison.

— Pour moi, je me déclare insulté *jusqu'à la bride!* s'écria le Sens Commun — parlant comme un âne.

— Il est vrai que cela t'outrage indignement! dit la Raison.

— Si encore c'était en France, crièrent vingt Voix, cela se pourrait comprendre: là, au moins, nous avons fait de l'opposition.

— Et quand nous ne demandons qu'à nous en aller au plus vite en Amérique! ajouta-t-on en tumulte.

— Notre Gouvernement a toujours été dans les meilleurs termes avec celui de Léopold, fit la Gaieté en riant.

— Nous n'avons jamais dit que du bien de la Belgique dans tout ce que nous avons écrit et publié, appuya la Mémoire.

— Ces pauvres gens ont peur, même de leur ombre, s'écria la Bienveillance.

— Je vous dis que ce sont des bêtes brutes! exclama la Franchise d'un ton fort peu parlementaire. (Chacun a son parler franc dans ma petite boîte, et la Franchise plus que tout autre.)

— On va donc commencer aussi en Belgique à sauver la Patrie? dirent ensemble la Surprise et l'Ironie.

— A faire du zèle? ajouta un autre.

— La contrefaçon est habituée à la Belgique, fit l'Ironie; elle vient d'être chassée de la librairie, elle se refugie au palais de Justice! il lui faut bien un domicile, M. de Brouckère fait arrêter tous les vagabonds! — Cette sortie provoqua le rire dans l'auditoire.

— La Belgique est un petit pays tranquille, honnête, et de bon sens, reprit la Réflexion, qui ne permettra point, chez lui, cette importation des grands Etats : les circonstances et les passions ne s'y prêtent guère.

— C'est possible! fit l'Aigreur qui n'avait encore rien dit (celle-ci n'est pas aimée des autres et dort presque toujours dans son coin, engourdie comme une marmotte); mais nous nous serions bien passés qu'on fît sur nous un premier essai, — et aussi stupide!

— Ah! dit la Dignité, voilà l'Aigreur qui se réveille, la Gaieté va s'en aller. Ces deux-là ne peuvent pas se souffrir.

— Commandons au Pouvoir exécutif un peu de musique, fit la Bonne Contenance. (Le Pouvoir exécutif, c'est moi, — cela va sans dire.)

J'obéis, et toujours en me promenant, me mis à leur siffler l'air du triomphe, dans *Mazaniello*. J'ai toujours beaucoup aimé cet air-là, — regrettant seulement que le cheval, sur la scène, le compromette quelquefois par de graves inconvenances.

— Pan! pan! — Deux petits coups à la porte de ma cellule.

— Qu'es-ce? dis-je.

— Il ne faut pas siffler! monsieur, répondit une voix de gardien, derrière la porte.

— La Gaieté, toute fière de son récent succès sur son ennemie intime, et aidée peut-être un peu par la Mémoire, me souffla une réplique :

— Vous oubliez, mon brave, dis-je au gardien, que nous vivons dans un pays libre; et, où donc, s'il vous plaît, serait-on libre, en Belgique, si on ne l'était pas en prison?

— C'est qu'on est à la messe maintenant et qu'on entend le moindre bruit.....

— Ah? indiqua le Sentiment des convenances, c'est autre chose. Pardon!

— Tiens! fit la Surprise aux autres, c'est donc aujourd'hui dimanche!

— Ah, ah! fit l'Aigreur, ayant à prendre sa revanche et commençant à se sentir en force, (le régime cellulaire lui est si bon!), c'est aujourd'hui dimanche! la Justice est Reine (elle parlait de la Justice du palais de Justice), et il faut bien que la Reine, comme *le Roi, s'amuse*.

C'était une allusion au drame de Hugo.

L'Amour-propre, quoique bon enfant dans ma chambrette, trouva passable le mot de l'Aigreur.

— Le juge d'instruction, dit la Bienveillance, travaille sans doute, à l'heure qu'il est, sur les pièces de cette sotte affaire.

— Il a promis qu'il ferait toute diligence, et personne ici n'a de motif pour douter de sa parole, dit d'un ton un peu hautain la Confiance. (Celle-ci est toujours du parti de la préopinante; elles siégent tout près l'une de l'autre.)

— Si c'est une *sotte* affaire, vous pourriez bien n'être aussi qu'une sotte vous-même, hazarda le Soupçon parlant à la Bienveillance; et vous devriez peut-être, vous, (s'adressant à la Confiance) prendre, en ce mo-moment-ci, d'autres airs.

— C'est vrai! fit l'Aigreur, flairant dans la situation l'occasion de se faire un succès.

— Ces deux dames! reprit le Soupçon enhardi, il n'y a jamais parole ici que pour elles! N'étaient-elles pas, hier déjà, toutes prêtes à éveiller l'Affection, et à promettre au Pouvoir exécutif des relations d'amitié avec ce juge?

— Le fait est, dit la Dignité, que je trouvais ces dispositions un peu bien promptes.....

— Et que je me fusse opposé à des manifestations prématurées, dit le Sentiment des Convenances.....

— Et que la Bienveillance et la Confiance, que nous aimons, emportent trop souvent peut-être ici les résolutions, sans me laisser assez parler, s'écria la Réflexion; elles ont déjà fait faire au Pouvoir exécutif plus d'une sottise.

— Il en faut convenir, dit la Mémoire.

La Raison, qui présidait, comme je l'ai dit (l'ai-je déjà dit?), voyant qu'on commençait à s'échauffer et à parler plusieurs ensemble, donna un léger coup de sonnette.

—Il est vrai, dit-elle, que nos deux amies ont beaucoup parlé hier, et que ce doit être le tour des autres. La Justice et la Conscience n'ont-elles rien à dire? La question est sérieuse.

— Je déclare que je suis indignée, dit la Justice.

— Et moi, vivement blessée, ajouta la Conscience.

— En fait, reprit la Raison, on se joue tristement ici de la liberté et de la réputation d'un homme estimé de tous, même de ses adversaires — là où il en a, — et qui n'a que des amis dans ce pays-ci. — C'est la vérité sur le Pouvoir exécutif.

On voit, par ces mots du président, que je suis au mieux avec ma Chambre : il est vrai que je ne lui tiens jamais tête.

—L'acte est inqualifiable! s'écrièrent ensemble le Bon sens et le Sentiment du Droit; on n'arrête pas un honnête homme, on ne l'enlève pas aux affaires les plus graves, et on ne le retient pas en prison, par le seul motif qu'un étranger a donné son adresse dans une lettre où il est question de boules de fer...

— Il y a ici des coupables! Il faut les connaître, cria la Justice en colère.

— C'est, avant tout, la faute de la société et des institutions, hasarda la Bienveillance, — qui n'osait déjà plus trop s'avancer.

— A la question! s'écria la Dignité personnelle; un être intelligent ne se laisse pas violer sans réagir, et juger sans juger ses juges! Je demande *que ce juge soit jugé!* La Bienveillance s'asseoira, si elle le veut, au banc de la défense. Il *faut* qu'il soit jugé!

La Bienveillance habituée à la prépondérance ne répondit rien. Il est évident qu'il venait de se faire, dans l'économie habituelle des influences au sein de l'Assemblée, une révolution complète. Elle se tut donc, et se tint dans une attitude humiliée, mais resta à sa place.

— L'homme que nous avons vu n'est pas le seul qu'il y ait à juger, dit la Réflexion. Il y a encore ceux qui l'ont poussé.

— Le jugement de tous! cria la Précipitation!

— Le jugement! le jugement! cria-t-on sur tous les bancs. Constituons-nous en cour de Justice! Oui! Oui! (*Cris confus, tumulte...*) — Et moi, qui regardais, je croyais revoir une de nos anciennes séances de l'Assemblée constituante.

L'Aigreur, le Soupçon, la Mémoire, l'Induction et vingt autres se disputaient la parole. La Conscience, la Loyauté, la Droiture, s'indignaient aux révélations du Rapport improvisé par la Mémoire; et le Bon Sens, tout bonhomme qu'il soit, se sentant horriblement outragé, était peut-être le plus révolté de tous.

Bref, le tapage était au comble, quand... on ouvrit ma cellule pour m'apporter de quoi dîner. L'Assemblée se sépara en grondant. La séance avait duré deux heures et demie. L'Appétit, qui devait rester, bouda un moment. Mais il se décida bientôt à remplir les devoirs de sa charge.

Il y eut encore, pendant deux ou trois jours, des séances aussi orageuses que celle dont je viens de rapporter seulement la substance. (On n'en finirait pas s'il fallait donner *in extenso* les discours des orateurs.)

Quoi qu'il en soit, l'Aigreur avait réussi. Elle avait pris la haute main. Toutes ses motions entraînaient l'Assemblée. La Bienveillance était battue à plates coutures. La Confiance, honteuse du rôle qu'elle avait joué, se taisait comme sa voisine; et, je ne sais où cela serait allé, — l'emprisonnement et le secret se prolongeant, et l'Impatience, que le temps irrite, envenimant les questions, — si la Raison n'eût enfin repris l'empire. — Je rapporte les faits tels qu'ils se sont passés. J'ai tout écouté, tout observé; et je crois avoir incliné déjà le lecteur philosophe vers l'opinion que je me suis permis d'ouvrir contre l'infaillibilité du régime cellulaire, appliqué au développement du côté doux, indulgent et résigné des caractères.

Pour ma part, moi, qui ne suis pas né *justicier*, — tant s'en faut et tout au contraire, — m'étant vu obligé, dès le quatrième jour je crois, par décision formelle de ma Chambre législative, et très-malgré moi, de me constituer *juge* à mon tour, — je me déclare fixé dans ma manière de voir. Le lecteur opinera comme bon lui semblera. Il ne me reste plus, heureusement, pour en finir sur ce sujet, qu'à lui donner, en l'abrégeant, cette dernière scène d'intérieur.

C'était donc le quatrième ou le cinquième jour, au soir. Il était bien 10 heures, et il y en avait plus de deux que la Prison dormait, — on s'y couche très-tôt, — et que j'arpentais ma cellule, sans entendre seulement mes pas sur la brique. Silence; obscurité; *secret;* cerveau qui veille! pour peu que l'imagination s'y prête, les Pensées, en pareil cas, prennent aisément des figures visibles...

J'ai dit tout-à-l'heure, qu'après plusieurs séances comme celle que j'ai décrite, la Raison avait repris le dessus dans l'Assemblée délibérante.

Elle avait fait former une commission d'enquête, sous la présidence de la Justice. La Bienveillance n'avait pas été nommée, je dois le dire; mais je crois que la diablesse avait encore trouvé moyen de se faufiler derrière les fauteuils. — Elle est si intrigante!

Quoi qu'il en soit, au moment que je viens de dire, et tout étant réglé, je reçus le décret de l'Assemblée. — Le Devoir me le présenta. — Je vais l'exécuter, lui dis-je. Cela me plaît peu : mais tu commandes, il faut obéir.

Je marchai encore quelques minutes, et m'arrêtai.....

— Voyons! fis-je, il faut procéder comme *leur* Justice. Ce sont des hommes de loi; il y faut les formes. Faisons comme je les ai vu faire. — Pour commencer, quels sont les individus à faire arrêter *d'abord* et dont j'entendrai les explications *ensuite?*

A la lueur électrique qui s'échappe, après quelques jours de *secret,* je lus, dans l'obscurité, sur le papier, ces noms fournis par l'enquête :

Jules Vautier, juge d'instruction;

Baron de Hody, procureur du roi;

De Bavay, procureur général;

Tous trois attachés à la cour d'appel de Bruxelles.

Je signai, mentalement, trois réquisitoires.

Mes agents, — Substituts, commissaires et recors, — plus rapides que ceux du Parquet, eurent en moins d'un clin d'œil exécuté mes ordres.

Les trois prévenus, ma pensée produite, attendaient dans le corridor sombre, gardés par mes gendarmes, à la porte de ma cellule.

— Indroduisez M. Jules Vautier, dis-je à mon huissier imaginaire.

J'indiquai à M. Vautier mon escabeau de bois, — regrettant qu'il ne m'eût pas mis à même de lui offrir un siége plus décent et moins dur, — et, n'en ayant pas un second pour moi, je me tins debout : — j'étais chez moi et je connais les conveances.—Seulement, je me plaçai contre le mur, m'appuyant un peu sur mon grabat.

— Monsieur, lui dis-je, vous ne voyez pas le greffier; mais j'en ai un. C'est ma Mémoire. Il est fidèle, et écrira, beaucoup plus complétement que vous ne pourriez le faire faire au vôtre, mes question et vos réponses.

Au reste, l'interrogatoire sera court : je vous retiendrai le moins longtemps possible. — Et je me figurai, pour procéder dans les règles, que je commençais ainsi, —comme on m'avait appris à faire en faisant sur moi-même :

— Connaissez-vous, Monsieur, M. Victor Considerant, prévenu de complot contre la sûreté de l'Etat et de fabrication d'armes prohibées?

— Oui, Monsieur.

— Ne lui avez-vous pas fait subir, le 11 et le 12 de ce mois, un interrogatoire dans votre cabinet?

— Oui monsieur.

— Vous rappelez-vous cet interrogatoire?

— Je l'ai présent à l'esprit.

— Moi aussi! dis-je, d'une voix qui devenait sévère. Mes lèvres ne remuaient pas : mais j'entendais ma parole vibrer dans le silence de la cellule.—Moi aussi : conséquemment nous pourrons passer sur les détails secondaires.

—Vous avez dit, avec préméditation et délibéremment, à M. Considerant, dans son premier interrogatoire, « *que M. Sanders avait* DÉCLARÉ, *à Liége, avoir fabriqué les objets creux pour lui,—lui M. Considerant.* »

M. Considerant vous a cru.

Cette déclaration, affirmée par vous comme un fait formel et acquis, N'ÉTAIT PAS VRAIE!

M. Vautier rougit sur son escabeau. Il balbutia quelques expressions inintelligibles.

— Monsieur, lui dis-je, vous n'aviez aucune raison sérieuse de croire fondé le fait d'une telle déclaration; puisque vous avez dû avouer, le lendemain, vous-même, à votre prévenu, que le fait était inexact.

M. le juge d'instruction regarda à terre et ne répondit pas.

— Monsieur, repris-je, si vous avez, par légèreté, introduit l'emploi d'un fait, — aussi capital que l'était celui-ci dans l'économie de l'interrogatoire que vous faisiez subir à M. Considerant et que vous aviez préparé d'avance, car vous suiviez un ordre très-méthodique de questions, — vous avez fait preuve d'une légèreté inqualifiable chez un magistrat; surtout chez un magistrat agissant dans l'exercice de ses fonctions les plus délicates.... Cela démontrerait, monsieur, que vous n'avez pas les qualités requises pour ces fonctions.

Que si, au contraire, n'ayant aucune raison, même la plus légère, de croire, à la réalité de ce fait, vous l'avez inventé pour tendre un piége à un honnête homme — qui croyait votre parole, — alors, vous...

— Mais, Monsieur, s'écria M. Vautier, j'étais chargé d'une instruction; et, tous les jours, avec les forçats, les voleurs, les assassins, que nous avons entre les mains, nous sommes obligés de supposer des révélations fausses pour les faire parler...

— Prenez garde! Monsieur, fis-je en l'arrêtant. D'abord, Monsieur, la loi, je crois, ne vous permet pas de tenir pour des voleurs ou des assassins, les *prévenus* de vol ou d'assassinat que vous avez entre les mains dans une instruction, quelles que soient les présomptions. — J'ai toujours entendu dire, Monsieur, que jusqu'au jugement, jusqu'à l'arrêt du tribunal, qui condamne ou absout, le prévenu était, aux yeux de la loi, réputé innocent. -- Je ne crois pas me tromper à cet égard.

Ensuite, Monsieur, permettez-moi le doute sur cette doctrine que vous venez d'émettre, qui autoriserait le Juge, -- le Magistrat! Monsieur, le représentant de la Morale et de la Conscience sociales, à affirmer, avec préméditation, dans un acte judiciaire, -- l'instruction est un acte judiciaire, je pense, -- un fait supposé, un fait faux, fût-ce pour découvrir les auteurs d'un crime!

Le *faux témoignage* est un crime, Monsieur. Et la loi, je me refuse à l'admettre, malgré mon ignorance de ses textes, mais dans ma simple conscience et par respect pour la loi elle-même, ne peut imposer ou seulement permettre à personne, et surtout à ses représentants directs, la perpétration d'un crime moral certain, pour donner à ceux-ci quelques facilités de plus dans la recherche des auteurs douteux d'un crime vulgaire. — Votre doctrine, Monsieur, est-elle partagée par tous vos collègues? — Qu'elle le soit, sans protestations dans la Magistrature, ceci encore, Monsieur, je me refuse à le croire.

— Mais, Monsieur, me dit M. le juge, il y a, dans nos fonctions, de dures nécessités. Quand un assassinat a été commis, que la Justice a dans les mains quelqu'un des complices présumés du crime, des forçats, des voleurs de profession, des gens de sac et de corde, il faut bien, pour la sûreté de la société, mettre la main sur les coupables... L'existence de toute société est à ce prix... Nous devons bien...

— Encore une fois, Monsieur, interrompis-je, je n'admets pas, même pour ce cas, la légitimité du faux témoignage, pratiqué par un magistrat dans l'exercice de ses fonctions. Je repousse cette monstruosité, *absolument*. Et d'ailleurs, Monsieur, quand M. Considerant était en votre présence, étiez-vous, vous, en face d'un voleur, d'un assassin, d'un homme de sac et de corde, ou d'un homme d'honneur?

— Monsieur, me répondit le prévenu, j'étais en présence d'un homme réputé estimable sans doute; mais il y avait un réquisitoire contre lui; il était prévenu de complot contre la sûreté de l'Etat. Et les nécessités indispensables à l'existence de la société, le sont également pour sauver l'Etat...

— Monsieur, fis-je sévèrement, depuis que les oies sacrées du Capitole ont sauvé Rome, ces oiseaux ont eu tant d'imitateurs; on a trouvé tant de moyens de sauver l'Etat; et il a été si fréquemment sauvé, depuis soixante ans surtout, que vous me permettrez de ne pas croire une Société aussi avancée que celle-ci et une Justice aussi experte que la vôtre, réduites, l'une pour s'éclairer, l'autre pour se sauver, à l'indispensable emploi de telles nécessités.

Au reste, Monsieur, ajoutai-je, je ne veux ici qu'acquérir des faits à l'instruction dont je suis chargé sur vous. Je suis, — comme *homme* — convaincu que vous *avez cru* agir dans une ligne permise à un juge instruisant une affaire. Mais comme *magistrat*, et instruisant moi-même, je suis obligé de vous dire que votre faux témoignage dans l'exercice de vos fonctions *judiciaires*, est une pièce *judiciaire*, et constitue contre vous une charge très-grave. — Voici d'ailleurs un requisitoire. — Vous êtes engagé dans une instruction en matière criminelle, prévenu d'attentât contre la Morale sociale et d'outrage à la Conscience humaine.

Au reste, c'est une affaire qui regarde plus spécialement l'honneur du corps auquel vous appartenez. J'avoue, pour ma part, mon incompétence ici, et mon ignorance des traditions et opinions de la magistrature en de telles occurrences. Vous aurez à vous expliquer devant vos collègues en instructions judiciaires, qui seront, ici, vos *premiers* juges. — Passons.

— Monsieur, repris-je, vous avez donné, vous-même, sur vos Mandats à M. Considerant la qualification d'*homme de lettres ?*

— Oui, Monsieur.

— Alors, Monsieur, comment, ayant affaire à un homme que vous saviez capable de tenir une plume, et qui parle depuis vingt-cinq ans à l'opinion publique par la voie de la Presse, n'avez-vous pas compris le danger d'employer, avec lui, ces procédés d'instruction que l'opinion publique ne peut connaître sans les flétrir ?

— Le juge se tut.

— Et vous avez probablement commis la même faute avec les co-prévenus de M. Considerant? sans songer que leur position ne vous garantissait pas, non plus, l'impunité que vous trouvez dans vos rapports avec de pauvres voleurs illettrés, ou des assassins présumés, abrutis par le vice et la misère?

— Je l'ai fait aussi, dit le Juge.

La moindre réflexion, Monsieur, eût ici retenu la moindre prudence. La prudence et la réflexion sont des qualités indispensables au magistrat. Vous avez donc témoigné vous-même, ici, d'une incapacité nouvelle pour l'exercice de ces fonctions graves.

— Je le reconnais, dit le juge.

— Monsieur, fis-je, vous avez déclaré à M. Considerant, dans un second interrogatoire, et à plusieurs reprises, que vous étiez convaincu qu'il n'était pour rien dans l'affaire que vous instruisiez ; et cependant vous ne l'avez pas mis en liberté.

— Je ne croyais pas le pouvoir, répondit le juge. Il y avait une pièce judiciaire, un réquisitoire.....

—Je ne sais quelle force vous attachez à ces mots, Monsieur ; mais peu importe devant la Raison et la Conscience. La Raison et la Conscience disent ceci : Elles disent que le Juge d'instruction, *convaincu* de la non-participation d'une homme dans l'affaire pour laquelle cet homme est arrêté et qu'instruit ce juge, a le pouvoir de relâcher le prévenu, soit de sa pleine autorité, soit en allant porter ailleurs ces paroles : « Cet « homme-ci n'est pour rien dans l'affaire que j'instruis et dont voici « toutes les pièces. La charge qui pèse sur lui ne souffre pas l'examen. « Il faut mettre en liberté, sur-le-champ, cet homme ! »

Ne serait-ce point, ajoutai-je, que vous auriez, — en ajournant votre devoir, — faibli et craint de déplaire ?

— Ma conscience me dit non, répondit le prévenu.

— Ma loyauté vous croit, lui dis-je.

— Ne serait-ce alors donc point que, dans l'intérêt, — mal, fort mal entendu, — du corps auquel vous appartenez, vous auriez cédé au désir de pallier, devant l'opinion, par un prolongement de détention, *qui fait croire à quelque chose*, ce que l'extrême légèreté des motifs de l'arrestation pouvait avoir de compromettant dans l'espèce?

— Ma conscience me dit encore que non, répondit le prévenu.

— Ma loyauté vous croit encore, dis-je; quoique de telles lenteurs, quand rien ne les justifie, justifieraient elles-mêmes la présomption.

Cependant, Monsieur, ajoutai-je, je suis chargé d'une instruction. Il y a un réquisitoire contre vous. Vous êtes prévenu d'emploi de témoignages supposés, dans votre pratique judiciaire, et, accessoirement, de faiblesse dans l'exercice de la plus noble fonction du Juge. Je dis la plus noble, Monsieur, parce que, si la fonction du Juge est élevée quand il punit le crime, elle monte à la hauteur de la plus noble mission quand elle rend force au *droit humain*, violé dans la personne d'un innocent *quelconque*.

Depuis qu'il y a des juges sur la terre, Monsieur, — permettez-moi de vous dire ceci, — on a vu se produire deux classes de magistrats, deux Ecoles. L'une de ces Ecoles, — c'est la gloire de la magistrature, — compte dans son sein non-seulement des légions de juges intègres, mais de grands cœurs et de grands hommes. — Cette Ecole est celle de la Magistrature qui rend *des arrêts*.

L'autre, où foisonnent des ambitieux sans vertu, des hommes pervers et des consciences tombées, est l'Ecole de la Magistrature qui rend *des services*.

La première sert l'humanité, qui va dans le temps et dans l'histoire;

La seconde sert des partis d'un jour, des pouvoirs éphémères, et souvent pis et moins encore, de mesquins intérêts, des rancunes, que sais-je... jusqu'à ce qu'elle ait tué ce qu'elle sert!

La nature a fait votre âme trop *humaine* pour que vous puissiez entrer jamais dans la seconde Ecole, qui ne s'est guère encore, que je sache, introduite dans ce pays. Votre pensée se révolterait à y songer et vous n'y sauriez d'ailleurs faire fortune : il y faut une force de dissimulation et une dureté de cœur qui, l'une et l'autre, vous manquent. On n'y pardonnerait point, au juge, un aveu candide de non-culpabilité fait à ceux-là qu'il enferme.

Et peut-être, n'auriez-vous, non plus, dans l'âme, ni une vue assez lumineuse de la Majesté de la nature humaine, ni une force suffisante pour couvrir, en toute circonstance, les incarnations de cette Majesté, les plus humbles elles-mêmes, contre toute atteinte illégitime, — d'où que vienne l'atteinte? — Cette vue et cette force sont cependant les deux *Vertus* qui font le Magistrat de la première Ecole. — Il semblerait donc, Monsieur, qu'en choisissant la Magistrature, vous vous soyiez trompé de carrière.

Quoi qu'il en soit, je ne fais ici qu'une instruction, et suis faillible comme vous-même. Vous aurez un tribunal plus sûr. Jusque-là, je suis forcé de vous retenir. Pour prison, vous aurez votre Conscience. Vous entendez en ce moment le jugement qui vous y enferme.

Le prévenu se leva et sortit de ma cellule.

Cette vision d'interrogatoire, mesurée au cadran intérieur et mental du cerveau, avait duré plus d'une heure et demie. — En temps réel, elle avait à peine, comme celle d'Hébal, duré cinq minutes...

Dès qu'elle fut évanouie, je vis trois de mes hôtes intérieurs, sortis de leur résidence habituelle. Ils se tenaient debout, à trois pas devant moi.

— C'est une exécution ! me dit la Bienveillance, d'une voix affligée.

— Il le *fallait !* dit le Devoir.

— Est-tu satisfait ? dis-je à celui-ci.

— Je ne serai satisfait, me répondit-il d'une voix austère, que quand tu auras transcrit et publié cet interrogatoire...

A quelques temps de là, au moment où je m'endormais, j'entendis dans la petite chambre, comme l'écho d'une dernière parole formant la clôturé d'une discussion que je n'avais pas écoutée. — Il me sembla avoir saisi ces mots : « Le cœur de cet homme est bon. Cet homme-là, renoncera à *juger* et sera un jour des nôtres ! » — Qu'il en soit ainsi ! dis-je, en entrant dans le pays des rêves.

Les deux autres interrogatoires, celui de M. le Procureur du roi et celui de M. le Procureur général, n'eurent lieu que le lendemain.

N'ayant jamais eu l'honneur de voir ces messieurs, dans la vie réelle, il m'a été impossible de constater l'identité des *formes* qui répondirent à leur nom. — J'espère même, pour ces deux magistrats, que ni l'un ni l'autre ne ressemble aux images qui se sont présentées pour eux...

Une autre raison, qui me porte aussi à croire que ces productions cérébrales étaient très-éloignées de toute apparence voisine de la réalité, c'est l'extrême singularité des réponses que j'obtins des deux *esprits* ou *formes* qui comparurent.

Ces motifs (un seul exemple suffisant d'ailleurs à éclairer le phénomène psyco-physiologique — et même déjà pathologique — de ce mirage cérébral, sur lequel j'ai voulu attirer un moment l'attention de quelques penseurs), ces motifs, dis-je, me déterminent à supprimer le récit des deux interrogatoires de ces *formes ;* — quitte à les produire plus tard, au reste, s'il y avait la moindre utilité à le faire.

Je me bornerai donc à dire, en ce qui concerne M. le procureur, sans doute apocryphe, du Roi, que je dus conclure, de son galbe, de son teint et même de ses réponses, qu'il était en proie à une maladie noire très-grave, et que, certainement, un séjour prolongé à la campagne, — ou un voyage, — lui serait extrêmement salutaire.

Quant à M. de Bavay, pendant les dernières minutes qu'il passa sur mon escabeau, il paraissait, malgré les nombreuses absences qui lui étaient arrivées durant son interrogatoire, regarder très-attentivement un chiffon de papier, qu'il avait pris sur ma petite table, et qu'il semblait avoir l'indiscrétion de chercher à lire : — dernier fait qui achèverait de démontrer — si j'étais disposé à ajouter la moindre valeur à ces apparences, — que je n'avais bien certainement affaire qu'à un faux *esprit*, à un faux Procureur général en effigie, ou pour mieux dire, à une hallucination pure et simple et toute invraisemblable.

Il devait d'ailleurs rencontrer beaucoup de difficulté à lire. J'avais, en effet, barbouillé avec un mauvais crayon, dans la journée, sur ce bout de papier, cette courte réflexion, analogue à ma circonstance :

« Une des plus tristes époques des annales judiciaires se résume dans « ce mot d'un magistrat trop célèbre : *Donnez-moi deux lignes de l'é-« criture d'un homme, et je me charge de le faire pendre.*

« M. le Procureur général du Parquet de Bruxelles, aurait-il, par « aventure, la singulière ambition d'adopter cette formule plus originale « encore : DONNEZ-MOI DEUX LIGNES DE L'ÉCRITURE DU PREMIER VENU, ET « JE ME CHARGE DE FAIRE PENDRE.. QUI VOUS VOUDREZ ? »

C'est ce que j'avais griffonné sur le papier qui faisait réfléchir mon

III

A mes amis, phalanstériens et autres.

Et maintenant, mes amis, un mot à vous.

Vous attendiez une communication de moi, concernant notre OEuvre au Texas : j'ai la plume à la main; on m'a contraint de parler au public; je ne vois pas pourquoi, par la même occasion, je ne vous parlerais pas à vous-mêmes, — n'ayant nulle raison de cacher ce que j'ai à vous dire.

Et d'abord, nombre d'entre vous peut-être, si vous eussiez su que j'écrivais quelque chose sur cette sotte affaire, vous vous fussiez dit : « Considerant perd un temps précieux. Que ne laisse-t-il tomber cela dans l'eau? C'est nécessairement absurde. Que ne reprend-t-il immédiatement l'affaire du Texas? Nous sommes impatients! N'est-ce pas assez du temps que ces civilisés lui ont fait passer en prison? »

Je comprends le sentiment qui vous eût dicté ces paroles; mais, en concluant ainsi, vous vous fussiez trompés.

Je sais fort bien que vous n'avez pas besoin, vous, de MA JUSTIFICATION. Mais elle était nécessaire à notre OEuvre, et c'est pour cette Œuvre elle-même que j'ai dû me résigner à l'écrire.

Ne savez-vous donc pas comment est fait le monde? comment on y pense? comment on y parle, et comment on y agit?

Or, nous ne sommes pas encore chez nous, libres, au sein de cette nature magnifique que je vous ai fait connaître. Nous sommes encore dans le vieux monde : et les éléments de notre OEuvre ne peuvent le quitter et être transportés en Amérique par un coup de baguette.

Il faudra, pour une partie de ces éléments, pendant plusieurs années du moins, se mouvoir encore en Europe.

Et pour s'y mouvoir avec fruit, il faut la faculté de s'y mouvoir en liberté.

Eh bien! j'ai compris que, *absolument*, pour la liberté de vos mouvements, comme pour la mienne propre durant le peu de temps qu'il me reste à passer ici, il *fallait* que cette sottise-ci fut coulée à fond. Je dis plus, elle offrait une occasion heureuse, une occasion à ne pas perdre, à saisir aux cheveux, pour en finir avec L'ÉTAT DE SUSPICION où nous sommes, vous, moi, nous tous phalanstériens, devant les autorités européennes, leurs agents, leurs justices et leurs craintes...

Vous voyez bien que l'on a *cru*, ici, qu'il se pourrait bien que je fusse engagé dans un complot, et que, sous le couvert du *Texas*, je cachasse la *préparation d'une machine infernale*.

C'est bête, mais c'est ainsi.

Si cette idée n'eût paru toute simple à l'autorité judiciaire, elle ne m'eût pas fait arrêter!

Il y a plus : avant mon arrestation, le gouvernement belge avait bien voulu me donner un passe-port pour la Suisse : j'y devais faire un voyage de 10 jours, aller, séjour et retour compris, y ayant affaire pour des questions de tannerie, de fromagerie, d'horlogerie, etc. concernant le Texas. Je voulais, en outre, faire, à Genève, mes adieux à ma famille qui habite le département du Jura, à dix lieues de cette ville.

Hé bien! l'administration de la Sûreté publique ici, laquelle du moins me connait et ne me suspecte pas, a bien voulu m'avertir elle-même que les polices de la ligne du Rhin et de la Suisse sont en émoi à l'occasion de ce voyage! et se disposent, à l'heure qu'il est, à me barrer le chemin.

L'État de suspicion n'est donc pas levé par ma mise en liberté; au contraire, il demeure et se trouve aggravé; — le monde est ainsi; — et, si je me taisais, il s'aggraverait encore de mon silence, et pèserait, plus gênant et plus lourd que jamais, sur vous, sur moi, sur notre OEuvre, sur tous nos mouvements ultérieurs.

Il *fallait en finir!* J'ai dû le tenter et j'espère que j'aurai réussi. — On ne mettra plus maintenant la main sur moi, — pour cause de complot du moins, j'en ai confiance. — La foudre fait, dit-on, sacrés les objets qu'elle frappe. La bourde du Parquet, — bien démontrée, — m'aura rendu, en tombant sur moi, cet éminent service.

Le moment était venu, d'ailleurs, de parler de notre entreprise au public, de la *lancer*, comme on parle aujourd'hui.

Or, soyez-en sûrs, elle sera beaucoup mieux connue du public, faite au public ici, que si je la lui eusse annoncée dans une communication purement spéciale à l'affaire elle-même.

Cette dernière eût été peu lue en dehors de nous; le présent écrit le sera certainement beaucoup plus. — La *Colonisation au Texas* doit des remercîments au Parquet de Bruxelles. Au nom de celle-ci, je le prie de les accepter.

Que le public, et avec lui les autorités, les gouvernements et en général tous ceux qui ces présentes verront, soient donc bien et dûment informés de ce qui suit :

L'Ecole Phalanstérienne, avec ses hommes, ses ressources, ses capitaux, — et sans repousser le concours des personnes qui, trouvant l'affaire belle après en avoir pris connaissance détaillée, s'y voudraient adjoindre, — a entrepris, sur ma proposition, la formation d'une *Colonie Européo-américaine au Texas*. — Les Statuts de la Société à constituer dans ce but, sont prêts et vont être signés dans quelque jours.

Cette OEuvre a pour objet de fonder, dans un pays superbe, où les terres les plus fertiles du monde sont encore à 2 francs 50 centimes l'hectare, UN CHAMP D'ASYLE ouvert à ce que nous appelons, nous, la *Pensée progressive de l'humanité au XIXe siècle*, et qui épouvante tant de gens, en Europe — où, j'en conviens, la solution est plus difficile — sous le nom de *Socialisme*.

Nous allons donc, — sans que ce soit précisément notre motif déterminant, j'en conviens encore, — nous trouver rendre, à tous les *honnêtes gens* en Europe, un service proportionnel à la masse de *Socialistes* (c'est-à-dire d'ennemis de l'ordre, de la propriété, de la religion et de la famille) que nous entraînerons dans notre OEuvre. Tous les gouvernements, et toutes les respectabilités sociales, en conséquence, sont éminemment intéressés au succès de l'entreprise; et les honnêtes gens, s'ils ont de l'argent et du patriotisme, doivent s'empresser de nous prêter concours.

(*Nota Bene :* Les souscriptions seront reçues, dans quelques jours, à l'*Agence centrale* à Paris, 2, *rue de Beaune*, — où l'on enregistre déjà les propositions et où l'on donne d'ailleurs tous renseignements concernant l'affaire, — ainsi qu'à ma propre adresse à Bruxelles, 32, *rue de la Machine infern...* Pardon, je veux dire, *de la Machine hydraulique*. — J'ai encore ces machines infernales dans la tête, c'est naturel; et j'espère que le Parquet de Bruxelles ne verra pas, dans ce *lapsus*, une nouvelle preuve que je m'occupe d'en fabriquer. — On ne saurait toujours dire : *bis repetita placent*.

Outre ce qui précède, j'annonce au public — et à mes amis qui ne savent pas encore au juste ou en sont actuellement les choses :

1° Que la Société de colonisation (art. 8 des Statuts) est fondée au capital

2° Que (art. 16) la *Constitution de la Société sera déclarée* quand les souscriptions, après publication desdits Statuts, s'élèveront à 540 mille fr.

3° Que, déjà, les souscriptions annoncées comme prêtes, montent à 600 mille francs, à très-peu de chose près.

4° Que d'ailleurs les capitaux disposés à commencer leur liquidation en Europe, pour s'engager, d'ici à deux ou trois années, dans la colonisation, peuvent s'évaluer, déjà et au moins, à 3 *millions* de francs.

5° Qu'on peut donc tenir pour fort probable que,—un mois au plus tard après la publication des Statuts, qui va avoir lieu,—la souscription aux actions de la série de première émission, s'élèvera au moins à 1 *million* de francs, — nombre de personnes ayant annoncé attendre cette publication pour faire connaître leur concours.

6° Que le personnel tout disposé et prêt pour l'émigration,—peut-être même un peu trop pressé, —est déjà très-considérable, et riche en éléments de toutes sortes, depuis les maçons, les charpentiers, cultivateurs, brasseurs, tanneurs, etc., jusqu'aux architectes, ingénieurs, médecins, professeurs, imprimeurs, musiciens, etc.

7° Que nous avons reçu, déjà, des propositions formelles pour transporter, sur nos terres, des fabrications d'horlogerie, d'armes, etc., des fonderies, des verreries, etc.,—personnel, instruments et outillage complets.

8° Qu'enfin, en présence d'une entreprise aussi sérieuse, — d'après l'opinion que le représentant officiel du gouvernement des Etats-Unis à Bruxelles m'a récemment émise lui-même, — il est infiniment probable que le gouvernemement du Texas nous concédera, *gratuitement* et en toute propriété, quelque chose comme un département français ou une province, à la seule condition d'amener dans ce pays,—le plus beau, le plus fertile, le plus riche et le plus salubre du monde,—une population déterminée. — Ha!

Un tel état de choses et l'impulsion qui entraîne l'Ecole phalanstérienne vers le but ci-dessus indiqué, excluant assez catégoriquement toute suspicion légitime de complot contre la sûreté de la Belgique et des autres États de l'Europe, j'espère que la publicité du présent écrit vaudra, désormais, une latitude et une liberté raisonnables aux personnes occupées à une entreprise aussi éminemment utile à l'Europe. — Ne va-t-elle pas, en effet, — quoi qu'il arrive, — débarrasser celle-ci et la nettoyer de beaucoup de Socialistes de toutes les Ecoles?

Je confesse d'ailleurs, pour ma part, — tout fier que je sois « d'être Français, » bien que privé, par suite des désagréments que j'ai eus à la suite du 13 juin, du plaisir de « regarder la colonne, » — que, dans deux mois, je cesserai d'être un Français-mort-civil pour ressusciter Citoyen américain!

Je le suis même, virtuellement déjà, Citoyen américain; puisque, d'après l'avis de M. le chargé d'affaires des Etats-Unis, je pourrai faire remonter ma *déclaration* à la date de ma première arrivée dans ce pays (fin de 1852), ne l'ayant quitté qu'avec *esprit de retour*.

Je ne me considère donc plus, à l'heure qu'il est, comme appartenant à l'Europe, et déclare, publiquement et spontanément, que je renonce, pendant les quelques semaines qui me restent à y passer, à me mêler en quoi que ce soit de la politique de ses gouvernements, et de leurs affaires, — les suppliant seulement de vouloir bien, par réciprocité, ne pas trop s'occuper des miennes.

Toutefois, — pour qu'on ne puisse pas m'accuser de cacher ici une arrière-pensée, j'ai un aveu à faire, et cet aveu, le voici : C'est que malgré la sincérité de la déclaration qui précède et tout en allant, mes amis et moi, nous établir en Amérique, je crois que nous ne cesserons pas, pour autant, d'y être des travailleurs, et d'utiles travailleurs! à l'œuvre européenne. — Mais ceci tient uniquement à une opinion particulière, que je me suis faite, — et à laquelle j'ai même consacré déjà quelques développements, dans mon livre publié en mai dernier, sous le titre AU TEXAS, — à savoir :

» Que c'est EN AMÉRIQUE, ET PAR L'AMÉRIQUE, que doivent se résoudre, — et que se résoudront, un peu plus tôt, un peu plus tard, — les grandes difficultés sociales de la grande question européenne. »

Ceci, je le répète, est une opinion personnelle, — voilà tout.

Maintenant, mes amis, vous connaissez les raisons que j'ai eues de perdre encore neuf jours (en débutant je n'avais tablé que sur quatre) à griffonner et faire imprimer le présent écrit.

Cela m'a paru, d'abord, un devoir de conscience, et je ne suis pas habitué à capituler avec ma conscience. — Ma *personne*, évidemment, disparait tout à fait dans la question de liberté individuelle de l'homme social, et d'usage juridique de l'arrestation *préventive*, que mon cas a uniquement servi à discuter, et à éclairer de quelque lumière, utile peut-être : — l'individualité disparait évidemment dans l'imposante généralité du problème. Je n'y suis qu'un exemple, un point. — J'y suis noyé.

Vous venez d'être mis à même d'apprécier, d'autre part, le service que je crois avoir rendu à notre Cause, en dégageant l'OEuvre commune, — péremptoirement je l'espère, pour l'avenir, — de *l'état de suspicion* où, — de fait, — elle demeure encore au moment où j'écris ces lignes. Et pourquoi cette suspicion? Parce que nous nous appelons *socialistes*, et que, aux yeux de nombre de gens qui ne nous connaissent pas, ce mot signifie *loups, hyènes, lions, tigres* ou *panthères*... Synonymie d'autant mieux prouvée, à notre égard, que... j'ai été arrêté, il n'y a pas plus de vingt jours, pour cause de machines infernales!

J'ajoute que, à la veille de nous éloigner de la Vieille Société européenne, pour aller fonder, sur nos splendides déserts, une Société Nouvelle, rayonnante de Jeunesse, de Richesse, de Justice et d'Amour, qui sera, dans tous les cas, une *œuvre historique*; (car, ce que nous commençons aura, quoiqu'il arrive, une suite et des conséquences dans l'histoire); il était bon, peut-être, de prendre acte de *l'état de situation* de cette Société européenne, au moment où nous l'aurons quittée ; et de constater, — par un procès-verbal en règle, — comment nous y étions vus et jugés par des gens, même bien nés, à qui nous n'avions jamais fait de mal; — et comment nous y étions traités par des lois auxquelles nous soumettions scrupuleusement, sinon notre pensée pour les trouver parfaites, du moins nos actes et notre conduite pour les obéir.

J'ajoute, enfin, qu'à l'heure qu'il est, nous avons, en prison, aux Petits-Carmes, sous les verroux, trois de nos amis, trois des nôtres, trois hommes avec lesquels je suis lié personnellement depuis des années, par une communauté de belles idées et de bons sentiments, et qui sont aussi coupables de complots contre la sûreté de l'Etat, etc., que je l'étais moi-même (1). — Ils n'en restent pas moins en prison !

(1) Il est clair comme la lumière du jour, — c'est presque injurier, mon lecteur, d'en faire la remarque, — que si je m'abstiens d'associer à ces trois noms celui de M. de l'Argentière, ce n'est pas que j'aie l'ombre d'un soupçon quelconque pour lui dans l'affaire ridicule où j'ai été mêlé ; mais parce que, aussi absolument étranger que je lui suis encore, je n'aurais nulle qualité pour le nommer dans la phrase que je viens d'écrire.

Or, — si c'est une illusion, c'est du moins une illusion permise et un motif, — je me figure qu'en plaidant MA JUSTIFICATION devant le public en général, et, particulièrement, en la soumettant ici aux honnêtes gens de tous les partis, — dont l'opinion, après tout, est le Tribunal suprême ; — je me figure, dis-je, que, cela faisant, j'écris peut-être aussi un plaidoyer pour leur liberté. — Ils ont, — ce me semble, — assez souffert comme cela déjà, et pour quelle affaire! dans leurs intérêts les plus graves!.... Je ne crois blesser aucune convenance, — pour étranger que je sois et me sache en Belgique, — si j'appelle le bon sens et la vieille honnêteté belges à leur secours.. En matière de bon sens et d'honnêteté, il n'y a, estimé-je, d'étrangers dans ce pays-ci que ceux qui manquent de l'une... ou qui n'ont pas l'autre. Il serait singulier que je fusse inquiété pour y avoir professé — même publiquement — une opinion pareille!

Et puis, après tout, serait-il donc nécessaire d'être né belge, — ou naturalisé, — pour avoir le droit de dire tout haut que la Justice prend ici par trop de temps et de monde pour couver huit œufs? — Elle en a *huit*, je le sais et viens de l'apprendre. — Huit, c'est quelque chose, je n'en veux disconvenir. Chacun dira pourtant qu'en moins de temps qu'on n'y en a déjà mis, la première poule veuve, toute seule et sans assistance, en eût déjà fait éclore au moins quinze ou seize!... à moins pourtant que la pauvrette ne se fut obstiné à couver des *œufs clairs!...* ou bien — comme c'est ici le cas — des *œufs durs.*

Et si dame Justice se récriait, disant que je méconnais son labeur, que je décrie son produit et lui fais du tort dans le public, moi étranger, réfugié, intrus, — je me verrais obligé de lui répondre :

Tu l'as cherché! ma mie, et j'écris ton histoire
Avec dix mots :
L'âne n'avait pas soif, pourquoi l'as-tu fait boire?

SUR CE, amis, je reviens *à nos Statuts* et à nos affaires. — Je n'ajoute plus qu'un mot, — et ce mot à notre adresse, à nous, — mais qui résume si bien cet écrit, que j'eusse pu le prendre pour épigraphe ou pour titre ;

Ce mot est celui-ci :

ALLONS-NOUS-EN! ALLONS-NOUS-EN BIEN VITE!....

V. Considerant.

Bruxelles, 30 août 1854.

(*P. S.* Voilà quelques vingt ans que nous nous ruinons à *répandre nos idées.....* Nous allons maintenant nous enrichir, — et éclairer le monde, — en les *semant en bonnes terres.* Quand les Civilisés verront que le Phalanstère est une *bonne affaire*, soyez tranquilles, sa fortune dans le monde sera bientôt faite... Mais chut! ceci est entre nous... Attention à ne leur en dire pas plus, sur ce point, que *de nos noms et de nos adresses!.....*

PIÈCE JUSTIFICATIVE.

Décidément, la Providence finit toujours, — si quelquefois elle tarde un peu, — par venir en aide à l'innocence. Elle veut faire éclater la mienne!

Voici que, au dernier moment, je trouve sur ma table, portant le timbre de *Charleroi* 31 *août*, par où elle a passé (j'ai des parents de mon nom dans cette ville), une lettre de mon frère Gustave, datée de Chinon (6 du présent mois), où le malheureux ignore encore, à l'heure qu'il est, le rôle capital que la gravure de son fusil a joué dans mon affaire.

Dans cette lettre, où il me parle de choses et d'autres, — je lis ce passage qui n'eût été qu'une fois *flamboyant* en toute autre circonstance, mais qui l'est doublement dans celle-ci :

« J'ai commandé un fusil à M. Sanders. J'aurais désiré que tu lui » fisses une esquisse de *Salins en flammes, avec un Phénix*, et ces mots : » *La Compagnie du Phénix à G. Considerant, Salins*, 1825. Il me fe- » rait graver cela sur mon fusil, ce serait un souvenir du pays quand » je serais au Texas.

» La *Compagnie du Phénix*, après l'incendie de Salins (sachez que Gustave s'était battu avec un très-grand succès contre le feu pendant trois jours), avait donné au receveur de la ville 135 fr. pour me faire » cadeau d'un fusil ; comme j'en avais un autre, j'avais négligé, jusqu'à » mon passage à Liége, de donner à cette somme sa destination primitive.»

Quelle singulière affaire ! On n'y recontre que des volatiles. Ce sont les autruches — ou les dindons — qui la commencent, et voilà qu'elle finit par un phénix !

J'eusse préféré la marche inverse.

Déclaration de M. Sanders.

(ÉCRITE SUR DES NOTES FOURNIES PAR LUI.)

Le vendredi, 11 août, au matin, M. Kirsch, commissaire de police en chef, à Liége, se rendit chez M. Sanders et lui demanda s'il n'avait pas fabriqué d'armes prohibées. Sur la réponse négative de M. Sanders, une visite domiciliaire fut pratiqué chez lui : elle amena la saisie de trois pistolets à bayonnette PORTANT LA MARQUE DU BANC D'ÉPREUVE DU GOUVERNEMENT.

Le commissaire de police demanda alors à M. Sanders s'il n'avait pas fabriqué des machines infernales. M. Sanders ayant répondu négativement, le commissaire de police précisa le but de sa question, disant qu'il s'agissait de boules en fonte dont il donna la description et qui devaient avoir été fabriquées par M. Sanders. Celui-ci comprenant alors de quoi il était question, déclara au commissaire de police qu'il avait expédié à Bruxelles une caisse contenant huit boules conformes à celles dont on lui faisait la description, plus un pistolet à douze coups. Il ajouta : J'ai fait fabriquer les boules que vous appelez MACHINES INFERNALES, au vu et su de tout le monde, par les ouvriers de Liége qui s'occupent de travaux analogues. Les boules m'ont été commandées par M. d'Argentière de Bruxelles ; je les ai expédiées sous mon nom, sur l'ordre de celui-ci, par le chemin de fer de l'État, à M. Vanderelst, employé à l'administration dudit chemin de fer. Je ne sais à quoi ces boules sont destinées. Je ne l'ai pas demandé : cela ne me regarde pas.

Après ces déclarations, une perquisition fut faite dans les papiers de M. Sanders : la police saisit diverses lettres parmi lesquelles s'en trouvaient deux signées DE L'AGENTIÈRE.

Pendant toute la journée, M. Sanders avait été gardé à vue dans son domicile. Le soir, entre 6 h. et 6 1/2 h. on lui déclara qu'il était accusé de complot contre la sûreté de l'État, et on le conduisit à la prison de Liége.

Le lendemain, samedi, 12 août, à 6 1/2 h. du soir, il reçut la visite du juge d'instruction, qui lui dit : je suis obligé, aux termes de la loi, de vous interroger dans les 24 heures ; mais ne connaissant rien de l'affaire, je ne puis pas procéder à un interrogatoire complet. M. Sanders subit alors un interrogatoire pour la forme.

A dater de ce moment, jusqu'au 17, M. Sanders resta en prison, au secret, sans entendre parler de l'accusation dont il était l'objet.

Le mardi matin, le directeur de la prison vint le trouver et lui dit qu'il devait être transporté le lendemain à Bruxelles ; le mercredi, on lui déclara qu'on l'avait oublié ; que la voiture destinée au transport des prisonniers ne partirait que le samedi suivant ; toutefois, qu'il pouvait être transporté à Bruxelles à ses frais, moyennant 60 francs.

Espérant hâter sa mise en liberté, M. Sanders accepta la proposition, et consentit à payer 60 francs.

Au moment de monter en voiture, le lieutenant de gendarmerie donna l'ordre de mettre les menottes aux mains de M. Sanders. Celui-ci protesta inutilement contre un acte aussi odieux qu'inutile. Pour seule réponse, un gendarme lui dit : Vous ne devez pas vous étonner, nous mettons les menottes même aux vagabonds,

On mit également les menottes à M. Fourdrin.

Les deux accusés furent placés dans deux compartiments d'une même voiture. On ôta les menottes à M. Sanders, dans le cabinet du juge d'instruction, M. Vautier, à Bruxelles.

Celui-ci déclara à M. Sanders qu'il attendait le dossier de Liége ; il lui demanda son âge, sa profession, etc. M. Sanders fut ensuite transféré à la prison des Petits-Carmes, où on le tint au secret.

Le lundi 21, c'est-à-dire 4 jours après son transfèrement à Bruxelles, et 10 jours après son arrestation, M. Sanders fut interrogé sur l'affaire, par le juge d'instruction ; il répéta devant lui les déclarations qu'il avait faites au commissaire en chef de police à Liége.

Le mercredi 23, le secret qui pesait sur lui et sur ses co-accusés fut levé.

Il est toujours en prison.

ERRATA.

Page 20 : *on a écrit* 3 *fois* Fourdrain *au lieu de* Fourdrin.

Page 21, ligne 4, *au lieu de :* attendu ce jour,— *lisez :* attendu jusqu'à ce jour.

Page 27, ligne 1 et 2, *au lieu de :* à moi, et *sujet,* — *lisez :* à moi, et un *sujet.*

Nota.

Je veux que les preuves de mon innocence surabondent. Or, comme il se pourrait rencontrer encore des gens qui ne fussent pas tout-à-fait convaincus que la *colonisation européo-américaine,* dont je parle dans mon récit, ne couvrît pas un gros complot, au fond;— je me décide à mettre chez le libraire, mon livre intitulé au Texas. Ce livre était resté, jusqu'ici à peu près confiné entre les mains de mes amis, ayant été tout spécialement rédigé à leur adresse.

IMPRIMERIE DE KORN. VERBRUGGEN, CHAUSSÉE DE LOUVAIN.

www.ingramcontent.com/pod-product-compliance
Lightning Source LLC
LaVergne TN
LVHW021713230826
846091LV00006BA/2163

* 9 7 8 2 0 1 9 9 1 2 8 1 9 *